* **사진 출처**

28~29쪽 : 네이처링 홈페이지 및 블로그
41쪽 : 환경부
51쪽 : 국립수산과학원 고래연구센터
53쪽 : Pixabay, NOAA(미국국립해양대기국)
67쪽 : 서터스톡
68쪽 : 서터스톡

우리는 기후 변화에 진심

2022년 11월 29일 초판 발행 | 2023년 6월 12일 2쇄 발행

최동민 글 | 최미리 도움 | 김수연 그림

펴낸이 김기옥 ● **펴낸곳** 봄나무 ● **아동 본부장** 박재성
편집 한수정 ● **디자인** 블루 ● **판매전략팀** 김선주, 서지운 ● **제작** 김형식 ● **지원** 고광현, 임민진
등록 제313-2004-50호(2004년 2월 25일) ● **주소** 121-839 서울시 마포구 양화로 11길 13(서교동, 강원빌딩 5층)
전화 02-325-6694 ● **팩스** 02-707-0198 ● **이메일** info@hansmedia.com
봄나무 인스타그램 https://www.instagram.com/_bomnamu
도서주문 한즈미디어(주) 주소 121-839 서울시 마포구 양화로 11길 13(서교동, 강원빌딩 5층)
전화 02-707-0337 ● **팩스** 02-707-0198

ⓒ 최동민, 최미리, 김수연, 2022

ISBN 979-11-5613-198-4 (73450)

●이 책 내용의 일부 또는 전부를 사용하려면 반드시 저작권자와 봄나무 양측의 동의를 얻어야 합니다.
●책값은 뒤표지에 나와 있습니다.

작지만 가치 있는 일이 세상을 바꿔요

"지구가 뜨거워져서 북극의 얼음이 녹고 있어요. 북극곰이 살 곳을 잃고 먹을 것이 없어서 죽어 가고 있어요. 북극곰이 불쌍해요."

이렇게 말하기에는 사람들의 곁에 기후 변화가 너무 가까이 다가와 있어요. 북극곰의 이야기를 넘어 기후 변화는 학교에서 친구를 만나고 집에서 가족과 시간을 보내는 일상에도 많은 영향을 미치고 있답니다. 그래서 이제는 '기후 위기의 시대'라고도 해요.

글을 쓰는 내내 여러분에게 미안한 마음이 컸어요. 어른들의 잘못으로 '기후 위기'라는 고통을 떠넘기는 것 같았기 때문이에요.

이 책을 통해 기후 변화가 우리 생활에 어떤 영향을 주고 있는지 바르게 알았으면 좋겠어요. 또 이 책이 기후 위기의 시대에 여러분이 스스로 말하고 생각하고 행동하는 데 용기를 줄 수 있기 바라요. 지구에서 모두가 함께 살아갈 수 있는 따뜻한 마음, 기후를 위하는 마음인 '기후 감성'이 몽글몽글 생겨나길 희망해 봅니다. 지금 이 순간, 글을 읽고 있는 여러분이 기후 위기 시대의 빛과 같은 역할을 할 것이라 믿어요.

차례

- 들어가는 글   4

1 재난이 되어 찾아온 기후 변화

1. 까만 점의 정체 　　　　-생태계 파괴의 부메랑 　 8
2. 뒤죽박죽 운동장 　　　　-식물이 알리는 경고음 　 20
3. 우산이 매일 필요해 　　 -기후 변화가 기후 재난으로 　 32
4. 바다에 사막이 있어요 　 -시작된 여섯 번째 대멸종 　 44

2 세상을 바꾸려면 작지만 가치 있는 일부터

1. 붉은바다거북의 죽음 　　-플라스틱 쓰레기의 역습 　 58
2. 당근이 싫어요 　　　　　-채식하면 기후 변화에 도움이 될까? 　 70
3. 집에 피카츄가 필요해 　 -에너지 사용의 불평등 　 82
4. 가치 있는 패셔니스타 　 -멸망을 부르는 패스트 패션 　 94

3 기후 위기, 이제는 행동해야 해

1. 우리는 다른 배에 타고 있어 　-기후 위기가 가져온 불평등 　 110
2. 1.5℃를 기억해! 　　　　　 -최악의 기후 변화 시나리오 　 122
3. 나는 히어로가 아니야 　　　-기후 행동을 하는 사람들 　 134
4. 너의 목소리가 필요해 -우리에게는 미래를 만들 권리가 있어 　 142

재난이 되어 찾아온 기후 변화

수많은 생명이 함께 살아가는 지구에 찾아온 기후 변화.
기후 변화가 이렇게 '대재앙'으로
바뀌리라곤 누구도 생각하지 못했을 거예요.
너무 빠른 기후 변화에서 우리는 살아남을 수 있을까요?

01 까만 점의 정체
생태계 파괴의 부메랑

 아침부터 내리는 비로 동이와 시지는 느릿느릿 등교하고 있었다. 학교 방향의 횡단보도에 초록불이 켜졌다. 양쪽으로 고개를 한 번씩 돌려 본 동이가 축축한 도로를 건너기 시작했다. 반쯤 지나왔을 때 도로 위에 작고 까만 점들이 보였다.

 '윽, 이건 뭐야.'

 발뒤꿈치를 들어 올리며 폴짝 뛰어 까만 점들을 피했다.

 "임시지, 이거 봤냐? 바닥에 까만 점들."

 동이는 손가락 끝으로 횡단보도와 도로를 가리키며 시지에게 말했다. 시지는 눈을 몇 번 깜빡이더니 도로로 머리를 쑥 내밀었다. 차가 없는 것을 확인한 뒤 우산을 옆구리에 걸고 보조 가방을 가

습팍에 끼운 채 쪼그려 앉았다. 시지의 눈이 까만 점들을 재빠르게 따라갔다.

"저게 뭘까? 본 적 있어?"

동이가 한 발자국 떨어져 선 채로 물었다.

시지는 대꾸 없이 까만 점 하나에 손가락을 가까이 내밀었다.

그 순간, 까만 점 하나가 꼬물거리며 움직였다.

"한동이, 봤어?"

동이의 눈에도 조그만 까만 점들이 움직이는 것이 분명히 보였다.

꼬물꼬물. 꼬물꼬물. 하나가 움직이는가 싶더니 여기저기에서 까만 점들이 느릿느릿 움직이기 시작했다.

멈칫거린 동이가 시지를 쳐다봤다. 어느새 몸이 앞으로 기울어진 시지는 금방이라도 도로 쪽으로 떨어질 것처럼 보였다. 그러다 까만 점 하나가 통 튀어 올랐다.

'저…… 점프?'

"계속 움직여. 개구리인가?"

시지는 혼잣말처럼 말했다.

빵~~~! 검은 자동차 한 대가 빗물을 튀기며 요란하게 지나갔다. 조금 놀랐지만 까만 점들에서 눈을 뗄 수 없었다.

"가자. 이러다 지각하겠어."

동이의 말에 마지못해 일어난 시지가 고개를 돌려 까만 점들을 몇 번이나 다시 쳐다봤다. 어쩐지 호흡이 빨라지고 가슴이 두근거렸다.

'까만 점들, 개구리 같았는데……. 아직 있을까?'

수업을 받는 내내 창밖을 쳐다볼 때마다 점들이 생각났다. 아무런 말도 없이 조용하기만 하던 시지는 학교 수업이 끝나자마자 부리나케 일어섰다.

"야! 한동이, 어서 챙겨!"

"나 수학 학원에 가는 날인데."

"알고 있어, 학원 가기 전에 다시 가 보자. 아침에 거기!"

궁금한 건 참지 못하는 시지가 그냥 넘어갈 리 없었다. 어느새 동이의 우산까지 챙겨 운동장을 가로질렀다. 후문을 나가서 학교 담을 따라 왼쪽으로 꺾으면 하천 옆길의 횡단보도로 빨리 갈 수 있었

따뜻한 봄날, 보슬보슬 비가 내리면 아기 두꺼비들이 긴 여행을 시작해. 흙냄새를 따라 엄마, 아빠가 살던 집으로 돌아가야 하거든.

다. 앞서가던 시지가 갑자기 멈춰 섰다. 횡단보도까지 가지도 않았는데 여기저기에 까만 점들이 있었다. 까만 점들은 하천, 작은 풀숲, 자전거 도로 위, 계단 사이사이까지 이어져 있었다.

'하나, 둘, 셋, 넷, 다섯……. 이 많은 점이 왜 여기 있는 거지?'

"아, 나 이제 까만 점이 뭔지 알겠다. 아빠가 해 준 말이 떠올랐어. 어른 두꺼비들이 하천 근처의 물풀에 알을 수천 개나 숨겨 둔대!"

"그 알에서 깨어난 올챙이들이 자라서 까만 아기 두꺼비가 된 거로구나!"

우연찮은 동이의 깨알 지식에 시지가 고개를 끄덕였다. 아기 두꺼비들을 살펴보는 데 푹 빠진 둘에게 누군가 다가오고 있었다.

"또 너희로구나. 아침에도 이걸 보고 있었지?"

'낮고 굵은 목소리, 하얀 머리칼에 웃을 때마다 깊어지는 눈가의 큰 주름? 이분은!'

학교 앞의 오성철물마트 할아버지였다. 날마다 등하교 시간에 학생 교통안전 지킴이로 봉사하시는 할아버지는 이 두꺼비들을 알고 계신 눈치였다. 눈을 반짝인 시지가 질문들을 쏟아 내었다.

"이 아기 두꺼비들은 어디로 가는 거예요? 길을 잃은 걸까요?"

"도로 가운데에서 왜 꼼짝하지 않죠?"

시지의 질문이 채 끝나기도 전에 자동차 한 대가 물바퀴 소리를 내며 지나갔다. 모두 자동차가 지나간 바큇자국을 보았다. 저곳은 아기 두꺼비들이 있는 곳인데. 조마조마해진 시지가 손으로 입을 틀어막았다. 할아버지의 깊은 주름도 느리게 움찍거리고 있었다.

"아기 두꺼비들이 로드킬(Roadkill)을 당할 뻔했구나. 길 위의 죽음을 말이지. 두꺼비들이 살았던 곳에 우리가 아파트를 짓고 아스팔트를 깔아 길을 만든 바람에 녀석들이 살아가기가 힘들어졌어. 이제는 단 3%의 아기 두꺼비들만이 살아서 숲으로 돌아갈 수 있단다."

'로드킬!'

길 위의 죽음은 아기 두꺼비들만 당하는 일이 아니었다. 산에서 알을 낳으러 내려오는 두꺼비들도 도로 건너편에 있는 저수지로 가다가 죽는다고 했다. 사람들은 '358'이라는 숫자를 표지판에 적어 두었다. 자동차가 달려와도 걸음을 멈추거나 방향을 바꾸지 않았던 두꺼비들의 안타까운 죽음을 담은 숫자였다.

"길 위에서 알을 품은 두꺼비가 죽으면 2000~10000개의 알도 함께 죽는 셈이야."

"인간이 만든 환경에서 살아남으려다가 죽는다니. 두꺼비들이 너무 불쌍해요."

"이런 환경에서 살아남기는 기적과도 같은 일이지. 그래서 두꺼비들에게 '멸종 위기 관심 대상 야생 생물'이라는 이름이 붙었단다."

시지와 동이는 잠시 아무런 말을 할 수 없었다. 입술을 오물거리다 살짝 깨물던 동이가 옹알거리며 말을 꺼냈다.

"아기 두꺼비들이 자동차 바퀴에 밟혀 죽지 않고 숲으로 가도록 도울 방법은 없을까?"

동이의 말을 듣고 있던 시지는 가방을 뒤적였다.

"이 붓은 새것이니까 괜찮겠지? 키 조절 물통을 납작하게 접은 다음…… 좋아! 동이, 네 텀블러에 물 남았으면 여기에 좀 채워 줘."

떨리는 목소리였지만 시지의 손은 빠르게 움직였다. 물을 담은 물통에 미술 붓으로 아기 두꺼비들을 밀어 넣을 생각이었다. 손으로 만졌다가는 아기 두꺼비들이 화상을 입을지도 모른다. 텀블러에

남은 물을 시지의 물통에 부은 동이도 뽀송한 붓을 꺼내 들었다.

"할아버지, 두꺼비들이 무사히 길을 건너게 해 주고 싶어요. 도와주세요."

할아버지가 노란색 정지 깃발을 내리고 길을 살피는 사이 시지와 동이가 꼬물거리는 아기 두꺼비들을 조심조심 물통에 밀어 넣었다. 시지와 동이는 물통에 담긴 소중한 생명들과 횡단보도를 건넜다. 아기 두꺼비와 함께하는 첫 번째 여행이었다. 길 건너편에 도착한 둘은 촉촉한 풀 속에 조심스레 아기 두꺼비들을 부었다.

"두꺼비들이 이제는 행복하게 살아갈 수 있을까?"

긴장이 풀린 탓에 조금은 지친 동이와 시지에게 할아버지가 다가왔다.

"두꺼비들뿐만이 아니란다. 낮은 골짜기에 살던 도둑게들도 알을 낳으려고 바다로 향하다가 인간 때문에 비극을 맞지."

"골짜기와 바다를 가로지른 도로를 건너다가 두꺼비처럼 자동차에 치이는군요. 맙소사!"

도둑게들은 골짜기에 굴을 파서 사는 동물이다. 도둑게 덕분에 식물들은 뿌리로 산소를 마시고 유기물을 분해하며 숲을 건강하게 한다고 했다. 이런 도둑게들이 사라진다면? 건강한 숲이 줄어들 것이다. 숲이 줄면 홍수와 가뭄 때 자연 조절 능력이 떨어져서 사람들도 피해를 볼 것이다.

"도둑게와 인간이 함께 잘 살 수는 없을까요? 두꺼비에게도 도둑게에게도 너무 미안해요."

시지의 말 그대로였다. 인간들이 활동하면 할수록 생태계가 망가지면서 수많은 동물과 식물이 위험해지고 있었다. 그 사실에 동이는 체한 것처럼 가슴이 답답해졌다. 이번에는 운 좋게 아기 두꺼비들을 구할 수 있었지만 구하지 못한 수많은 두꺼비가 지금도 길을 건너지 못한 채 목숨을 잃고 있을 것이다. 슬픈 현실이 속상했지만 아기 두꺼비들이 살 수 없는 곳에서는 사람들도 살아갈 수 없다.

"지구는 수많은 생명이 서로 도우며 살아가는 큰 울타리란다. 우리가 조금 불편하더라도 아기 두꺼비들과 함께 살아갈 수 있는 지혜로운 방법을 찾아봐야겠지. 너희가 용기를 내어 힘을 모은다면 희망을 찾을 수 있지 않겠니?"

할아버지의 말씀에 시지와 동이의 두 눈이 반짝였다.

"오늘 우리가 아기 두꺼비들을 만난 건 행운 같아."

한참을 두 눈만 껌뻑거리던 시지가 천천히 말했다. 하천 옆으로 늘어선 아파트들 사이로 파란 하늘이 보였다. 시지와 동이는 손을 살짝 쥐었다가 펼쳐 보았다. 붓끝에 닿은 아기 두꺼비의 촉감이 아직도 손끝에 남아 있는 것만 같았다.

+지식 더하기+

자연에게도 권리가 있어요

숲, 강, 나무, 동물에게도 행복하게 살아갈 권리를 법으로 정해 줄 수 있을까요? 남아메리카에 있는 에콰도르는 2008년에 특별한 헌법을 만들었어요.

"나라와 시민들은 자연과 어울려 살면서 자연의 권리를 인정하며 안녕을 추구해야 한다."

이 법은 나라의 생태계를 망가트리거나 생물의 멸종을 막고자 책임을 다하자는 뜻을 공식적으로 선언한 것이에요. 이 헌법을 바탕으로 2011년에는 도로를 만들 때 쓰레기들을 하천에 버린 지방 자치 단체에게 법원이 강과 주변의 생태계를 원래대로 되돌려 놓으라고 판결했어요. 이는 '**강에게 있는 권리**'를 인정한 판결이에요.

남아메리카에 있는 볼리비아에서도 2011년에 '**어머니지구법**'을 만들었어요. 자연이 인간의 파괴에서 안전할 수 있는 권리 11개를 받아들이는 법이에요. 뉴질랜드도 강이 인간과 똑같은 지위가 있다는 법을 만들어 '존중받아야 할 생명'이라고 강조하고 있어요. 우리나라에서도 2021년에 헌법 제1조에서 환경 국가를 선언하자는 '**환경 헌법**'이 제안되기도 했답니다.

더 많은 지구가 필요해요

생태 발자국은 사람들이 살아가는 데 필요한 자원의 양과 버리는 비용을 발자국의 크기로 나타낸 것이에요. 발자국이 클수록 자연에 나쁜 영향을 주고 있다는 뜻이랍니다.

'지구 생태 용량 초과의 날'은 생태 발자국의 크기가 지구의 크기를 넘어서는 날을 말해요. 매년 1월 1일부터 언제까지 지구의 생태 용량이 모두 없어지는지를 따지지요. 1970년에는 12월 30일이었던 이날이 10년마다 한 달씩 빨라져서 2022년에는 7월 28일이 되었어요.

사람들이 지금처럼 자원을 쓰기만 한다면 지구는 몇 개가 있어야 할까요? 약 1.75개가 필요하다고 해요. 사람들은 이제 지구의 생태 용량에 맞춰서 살아가는 법을 배워야만 해요.

+행동 더하기+

▶ **짧은 거리는 걸어서 가요**

걷기만 잘해도 1년 동안 이산화탄소 배출을 14.4t(톤)이나 줄일 수 있어요. 이는 나무 1563그루를 심는 효과와 같답니다. 걷기가 힘들다면 안전하게 보호대를 갖추고 자전거를 이용해 봐요.

▶ **먼 거리는 대중교통을 이용해요**

대중교통을 잘 이용한다면 1년 동안 이산화탄소 배출을 6t이나 줄일 수 있어요. 이는 나무 651그루를 심는 효과와 같아요.

▶ **나무를 심고 가꿔요**

학교 친구들과 함께 한 사람이 나무 한 그루를 심어요(1인 1나무 심기 행사).

02 뒤죽박죽 운동장
식물이 알리는 경고음

 6교시를 마치는 종이 울렸다. 시지는 쪽지 한 장을 동이의 책상 위에 슬쩍 던져 놓고는 자리로 돌아갔다.

 [나 오늘 영어 학원 늦을 듯!]

 오늘 학원에 가기 전에 무언가 할 일이 있으니 동이 너도 따라오라는 뜻이다. 빼먹은 날 없이 성실하게 학원에 다니는 시지이지만 가끔 이렇게 지각하곤 했다. 종례를 마치자마자 시지는 운동장을 가로질렀다. 보조 가방을 빙빙 돌리며 뛰다가 이내 운동장 끝에 있는 철봉 아래에 털썩 앉았다.

"야 한동이! 넌 또 거북이 모드야? 빨리 와, 빨리."

스마트폰을 꺼내어 무언가를 찍던 시지는 혼자 손뼉을 치며 신나 하고 있었다.

"오늘은 또 뭐에 신나셨을까? 임시지."

동이가 놀리듯 물었다. 시지는 보석이라도 발견한 것처럼 작은 하얀색 꽃을 손끝으로 만졌다가 사진을 찍고 또 실실 웃으며 쳐다보기를 반복하고 있었다.

"이거야, 이거! 네 잎 클로버보다 찾기 힘들다는 토종 흰민들레!"

민들레라는 말에 동이는 속으로 투덜거렸다.

'민들레 하나 때문에 학원도 뒷전이냐? 정말 독특하다니까.'

다음 날, 시지와 동이는 자연 관찰 수업에서 비슷하지만 다른 민들레를 보고 있었다.

"동이가 이 루페로 여기를 자세히 봐 볼까?"

선생님은 비슷하게 생긴 노란 민들레를 2개 들고 계셨다. 루페를 두 손가락으로 쥔 동이가 한쪽 눈을 찡그리며 반대쪽 눈을 렌즈에 바짝 가져다 대었다. 솜털같이 뽀송뽀송한 것들이 보였다. 선생님의 설명에 따라 루페를 옮겨 꽃받침 쪽을 관찰했다. 왕관처럼 생긴 꽃받침이 노란색 꽃잎을 감싸고 있었다. 선생님은 루페 아래에 다른 민들레를 가져다 대었다.

"어, 뭔가 달라요! 같은 노란 민들레인데 꽃받침이 반대인데요?"

옆 모둠에서 관찰하던 영웅이가 들뜬 목소리로 외쳤다.

"다들 발견했니? 꽃을 감싸고 있는 이 비늘 모양의 조각들을 '총포'라고 불러. 총포가 위를 감싸고 있으면 토종 노란 민들레, 총포가 아래로 처져 있으면 서양 민들레야."

선생님은 학교의 담벼락 사이와 도로변, 길가에 노랗게 핀 민들레들이 모두 서양 민들레라고 하셨다. 옛날에는 토종 민들레가 주변에 더 많았다는데 왜 지금은 찾아보기가 힘들어졌을까?

서양 민들레는 대기 오염에 강하고 굵은 뿌리가 땅속 깊이 자라서 가뭄에도 잘 자란다. 게다가 늦가을까지 꽃이 피고 지고를 반복하며 여러 번 씨를 만들기도 한다. 이와 달리 토종 민들레는 씨앗의

수가 적고 1년에 한 번만 씨를 만드는 꽃이다.

선생님의 설명이 끝나기 무섭게 모둠별로 활동지와 루페가 나눠졌다. 이제 식물을 관찰할 시간이다.

반 친구들은 운동장 곳곳을 살피며 식물을 찾아 그림을 그렸다. 아는 식물은 이름을 적고 관찰하며 발견한 특징이나 궁금한 것들을 기록해 두면 된다. 시지는 벌써 관찰한 내용을 기록하고 있었다. 만져 보고 냄새도 맡고 루페로 자세히 관찰하면서 꼼꼼히 그림까지 그렸다. 식물에 별 흥미가 없었던 동이는 오후의 햇볕이 뜨거워서 운동장 귀퉁이의 식물 덩굴 아래로 기듯이 가고 있었다.

"한동이, 너는 기록지에 안 써?"

시지는 그늘을 찾아 터덜터덜 걸어가는 동이를 불러 세웠다. 동이는 못 들은 척 걸었다. 입술을 뾰로통하게 만 시지가 작은 돌멩이 하나를 주워 동이에게 던졌다. 돌멩이는 동이의 운동화 뒤꿈치에 맞아 통 튕겨 나갔다. 안 되겠다 싶었던 시지가 계속 동이를 불렀다.

'임시지, 오늘은 제발 날 좀 내버려 둬. 너무 더워서 아무것도 하기 싫다고.'

더위에 지친 동이가 늘어지듯 벽에 기대어 식물 덩굴을 부채처럼 잡고 흔들었다.

"야, 한동이! 그러면 식물들도 아파한다고! 내가 네 팔을 꺾으면 기분 좋겠어?"

시지가 동이의 팔을 꺾는 시늉을 했다. 부들거리던 동이가 덩굴 잎을 꽉 쥐었다 다시 풀었다. 그때 동이의 눈썹이 확 찌푸려졌다.

"어어? 이거 무슨 냄새야!"

덩굴을 쥔 손에서 심한 구린내가 났다. 동이는 잽싸게 주머니에 손을 찔러 넣었다. 시지에게 들켰다간 내내 놀림당할 게 뻔했다.

"동이가 구렁내덩굴을 만졌구나."

시지에게 들킨 줄 알고 동이가 놀란 눈으로 고개를 번쩍 들었다. 어휴, 목소리는 선생님이셨구나! 선생님이 안도하는 동이의 어깨를 툭 쳤다.

"이건 잎사귀나 줄기에서 닭 오줌 냄새가 나서 '계요등'이라고 불리는 식물이야. 우리 학교에서는 보기 힘든 식물인데 동이가 발견했구나."

선생님은 일반 곤충과 해충에게서 스스로 보호하려고 나는 냄새이니 몸에 해롭지 않다고 말씀해 주셨다.

'손만 씻으면 괜찮다고 하기에는 냄새가 너무 심한데요?'

동이의 마음을 아는지 모르는지 선생님은 열정적으로 설명을 이어 가셨다. 이 구렁내덩굴은 주로 제주도와 전라도와 같은 남부 지방에서 잘 자라는 식물이었다. 지구 온난화로 우리나라의 평균 기온이 높아지면서 우리 학교에서도 자란 거라고 하셨다. 애초에 맡지 않아도 될 냄새를 지구가 뜨거워져서 맡은 셈이었다.

'오늘 내 손의 구린내가 지구 온난화 때문이라니.'

"더 놀라운 이야기가 뭔지 아니? 지난 10년 동안 우리나라 식물의 생태가 달라졌다는 거야."

"맞아요, 저번에 뉴스 봤어요. 개나리와 진달래가 15일이나 빨리 꽃을 피웠다더라고요!"

"시지가 정확하게 알고 있구나. 꽃만 빨리 피는 것이 아니야. 단풍도 늦게 들고 잎도 늦게 떨어지고 있어. 봄과 여름이 빨리 시작되고 다른 계절보다 길어지는 기후 변화가 식물에서부터 나타난 거야."

우리나라의 기온은 얼마나 달라졌을까? 요즘에는 식목일을 3월로 당기자는 이야기도 나오고 있다. 여름이 길어진 덕분에 푸른 숲을 볼 시간이 많아진 건 좋은 일이다. 하지만 그만큼 쉬는 시간도 줄어서 식물이 달라진 환경에 적응하는 능력이 떨어진다고 했다.

"기후 변화 속도는 너무 빨라서 어떤 생물들도 그에 맞춰 딱 맞게 대응할 수 없어. 기후가 변하더라도 생물이 대처할 수 있을 정도로 천천히 변해야 하지. 이런 변화는 식물뿐만이 아니라 곤충들에서도 찾아볼 수 있어."

선생님의 말씀에 동이는 지난해 여름밤에 본 곤충이 떠올랐다.

"그때 본 매미나방이 정말 끔찍했는데 우리나라가 뜨거워져서 나타난 거로군요!"

"그래. 기후 변화로 늘어난 해충들은 농작물이나 숲에 큰 피해를 주고 있지. 농가뿐만 아니라 도시에서도 나타나는 바람에 사람들이 크게 놀랐어."

선생님은 스마트폰으로 매미나방의 사진을 보여 주셨다. 사진에는 매미나방 때문에 두드러기로 힘들어하는 사람들도 있었다.

"저희 집에서는 지네처럼 생긴 노래기도 봤어요! 엄마 손가락 크기만 했는데 징그럽고 냄새도 고약해서 문제였다니까요!"

"노래기뿐만 아니라 메뚜기 떼도 문제란다. 아프리카에서는 1억 5000만 마리 메뚜기가 3만 5000명이 먹을 작물을 먹어 치우기도 했어."

동아프리카를 휩쓴 끔찍한 사막메뚜기 떼는 중동과 남아시아까지 23개 나라에 큰 피해를 줬다. 그뿐만이 아니다. 케냐는 어마어마

한 크기의 농경지가 황무지로 변해서 210만 명이 굶주림에 시달렸다. 인도도 농경지로만 약 1700억 원의 피해를 봤다고 했다. 기후 변화로 바닷물의 온도가 높아지면서 동아프리카에 많은 비가 내려 메뚜기 떼가 살기 좋아져 생긴 결과였다. 기후 변화가 이렇게 국경을 넘어 '대재앙'으로 바뀌리라곤 누구도 생각하지 못했을 거다. 동이가 구렁내덩굴을 만진 비극처럼 말이다.

 비누로 몇 번을 씻어도 냄새는 좀처럼 사라지지 않았다. 동이는 뜻밖의 참사에 계속 투덜거리며 손 씻기를 멈추지 않았다.

 '이게 다 기후 변화 때문이야! 생태계가 엉망이어서 이 구린내가 나를 괴롭히는 거라고!'

우리 모두가 시민 과학자

　우리 동네에서 만나는 동식물을 다른 지역에서도 만날 수 있을까요? 주변에서 보는 자연을 기록하고 사람들끼리 내용을 나누는 <네이처링(NATURING)>에서 만날 수 있답니다.

　스마트폰을 활용하여 관찰한 생물의 사진, GPS(위성 위치 확인 시스템)를 활용한 위치, 관찰 시간, 기후 모두를 <네이처링> 앱에 기록할 수 있어요. 학교나 동네에서 관찰한 내용을 기록할 수도 있고 앱에서 주어지는

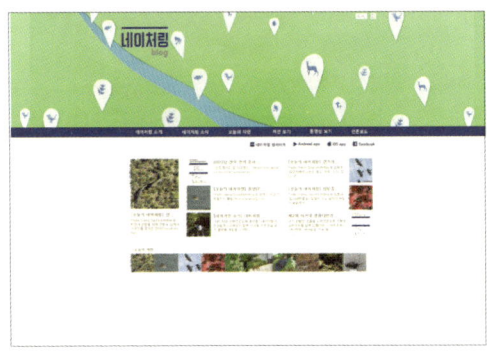

다양한 관찰 미션도 할 수 있어요.

여러분이 사는 지역에 특정한 자연(하천, 공원, 산)의 생물을 살펴보는 생물 다양성 조사에 참여할 수도 있답니다. 관찰한 기록들이 쌓이면 학교의 생태 지도가 되고 생물 도감이 되고 생물의 분포를 조사하는 기초 자료로도 쓰일 수 있답니다.

기술과 생태가 만나 탄생한 <네이처링> 앱을 통해 다 같이 시민 과학자가 되어 볼까요?

기후 변화 생물 지표종

기후 변화 생물 지표종은 기후 변화로 계절에 따라 생물의 활동, 분포 지역, 크기에 변화가 예상되어 꾸준히 관리가 필요한 생물을 가리켜요. 생물 지표종은 척추동물 25종, 무척추동물 7종, 식물 39종, 곤충 15종, 균류와 해조류 14종 등 모두 100종이에요.

2017년에 구별하기 쉽고 이동성이 큰 곤충과 계절이 뚜렷한 종을 반영하여 개정된 100종과 후보 30종을 발표했답니다. 여기에서 2010년의 지표종에 있었던 구상나무와 설앵초가 제외되었어요. 우리나라의 평균 기온이 올라가면서 멸종 위기종이 됐기 때문이라니 매우 안타까운 일이에요.

대표적인 생물 지표종

┿ 행동 더하기 ┿

▶ 음식은 먹을 만큼만 담아요
- 1인이 먹을 적당한 양을 참고하도록 배식대 앞에 표본 전시
- 자신의 식사량을 따져서 먹을 만큼만 담기
- 음식물 남기지 않기

음식물 쓰레기를 30% 줄인다면 1년 동안 이산화탄소 2.1t을 줄일 수 있어요. 이는 나무 230그루를 심는 효과와 같아요.

▶ 저탄소 식단을 운영해요
- 탄소 발자국이 적은 제철 지역 농산물(로컬 푸드)로 메뉴 짜기
- 교내에서 텃밭 채소를 길러 보기

저탄소 식단을 잘 실천한다면 1년 동안 이산화탄소 0.7t을 줄일 수 있어요. 이는 나무 76그루를 심는 효과와 같아요.

 우산이 매일 필요해
기후 변화가 기후 재난으로

"무슨 비가 이렇게 계속 내린담? 우산 없이는 다닐 수가 없네."

시지는 흠뻑 젖은 신발과 우산을 털며 동이의 집으로 들어섰다. 요즘 계속 비가 쏟아져 맑은 날을 찾아볼 수가 없었다. 장마철도 아닌데 정말 이상한 일이었다.

"한동이 집에 있어? 나 놀러 왔다!"

학원에 가는 날이 아니라는 동이의 일정을 확인하고 왔는데 이상하게 집이 조용하다. 그때 동이의 목소리가 들렸다.

"들어와. 아직도 비가 내리나 보네."

"어휴, 말도 마. 웬만해서는 밖에 안 나가는 게 좋겠어. 물에 빠진 생쥐 꼴이 된다니까."

시지는 투덜거리며 동이의 방에 들어섰다. 동이가 간식을 가져오겠다며 나가자 시지의 눈에 책꽂이에 꽂힌 일기장이 들어왔다.

'어라? 글이라고는 안 쓰는 녀석이 무슨 바람이 불었담?'

호기심에 끌려 꺼내 본 일기장에는 이런 내용이 있었다.

3월 13일 금요일

기상청에서 지난겨울 처음으로 한강이 얼지 않았다고 했다. 2006년 겨울 이후 13년 만이라나? 한강이 얼려면 영하 10℃ 이하로 떨어진 온도가 4일 이상 계속되어야 한다고 했다. 생각해 보니 지난겨울 내내 영하 10℃ 이하로 떨어진 날은 4일밖에 없었던 같기도 하다. 눈 내리고 얼음이 꽁꽁 어는 겨울이 좋은데. 얼음이 얼지 않으면 이제 겨울에도 눈썰매나 스케이트는 못 타는 걸까? 임시지는 눈 오리를 만들려고 눈 오리 집게도 사 뒀다던데…….

4월 22일 수요일

기상청은 오후에 눈비가 섞여 내리는 진눈깨비가 관측됐다고 알렸다. 봄인 4월 즈음에 눈이 내린 건 1907년 이래 처음이라는 이야기도 함께였다. 겨울 방학 때는 별로 춥지도 않았는데 개학하고 4월에 내리는 눈이 신기하기도 했다. 그리고 겨울처럼 다시 추워졌다. 엄마에게 패딩을 꺼내 달라고 해야겠다.

6월 22일 월요일

오늘은 정말 덥다는 말이 절로 나오는 하루였다. 아직 여름 방학이 되려면 한참이나 남았는데 걱정이다. 며칠째 날씨는 맑았지만 열기가 쌓이면서 기온이 35.4℃까지 올랐다! 뉴스에서는 62년 만에 최고 더위가 찾아왔다고 했다. 서울뿐만이 아니다. 36℃를 넘어섰다는 춘천과 영월은 괜찮을까? 날씨가 더우니 왠지 머리가 아프고 어지러운 것 같다. 5교시에는 얼른 집에 가서 에어컨을 틀고 망고 빙수를 먹고 싶다는 생각만 백 번 했다.

7월 24일 금요일

기상청에서 또 놀라운 소식을 전해 주었다. 6월이 7월보다 기온이 높은 적이 전국 60개 관측소에서 살펴보기 시작한 1973년 이래 처음이라는 소식이었다. 내일이면 여름 방학인데 걱정이다. 지난 여름 방학 때는 매일 수영장에 가자고 졸랐는데 이번 여름 방학에 물놀이를 가도

시원하지 않으면 어쩌지?

8월 12일 수요일

아버지는 출장을 간 중부 지역이 오늘로 장마가 50일째라며 우리 집은 괜찮은지 전화하셨다. 우리 지역도 사정은 마찬가지다. 아침을 먹고 학원에 가려는데 엄마는 우산을 챙겼는지 또 물어보셨다. 엄마가 말하지 않아도 우산은 필수다. 정말 하늘에 구멍이라도 난 것일까? 비는 언제쯤 그치는 걸까? 장마가 빨리 끝나야 내가 좋아하는 복숭아를 많이 먹을 수 있다고 했는데.

8월 20일 목요일

세상에, 비가 너무 많이 오는 바람에 수많은 집과 도로가 무너지더니 산사태까지 일어났다. 이재민은 물론 37명이나 목숨을 잃고 5명은 아직도 행방을 모른

다는 뉴스가 충격이다. 유달리 장마가 긴 이유는 1년 동안 내릴 비가 한꺼번에 내린 탓이라고 했다. 이 피해를 다 어쩌지?

"임시지! 그거 내 일기장이야!"

동이는 잽싸게 시지의 손에서 일기장을 빼앗았다.

"미안, 책상 위에 있길래. 4학년 때 쓴 일기야? 날씨 일기?"

시지는 재미있다는 표정이었다. 동이의 얼굴이 조금 붉어졌다. 날씨 일기라고 말해 주는 시지의 말이 칭찬처럼 들렸기 때문이다.

"뭐 그런 건 아니고. 날씨가 이상하다고 뉴스에 나올 때마다 찾아서 적어 봤을 뿐이야."

"오, 대단한데. 작년은 진짜 날씨가 이상하긴 했지? 이게 다 기후 변화 때문이래."

시지는 진지해져 있었다.

'날씨와 기후 변화가 관련이 있다고?'

궁금해진 동이가 시지에게 대뜸 물었다.

"너 날씨와 기후가 어떻게 다른지 알아?"

"날씨는 '오늘 서울은 더워요, 밤부터 흐리다가 내일부터 비가 내려요'처럼 특정한 시간과 장소에서 생기는 대기의 변화를 말해. 특정 지역에서의 평균적인 날씨 상태를 '기후'라고 해. 날씨는 계속 달라지지만 기후는 변화가 적지. 그런데 기후가 빠르게 바뀌면서 생물이나 사람의 생활에 큰 변화들이 생기는 거지. 어?"

알기 쉽게 설명해 주던 시지의 눈에 무언가 또 들어온 모양이었다. 동이가 말리기도 전에 시지의 손이 더 빠르게 움직였다.

"이건 또 뭐야? 동이, 너 안 그런 척하더니 기후랑 환경 문제에 관심이 많았구나!"

시지의 손에는 신문이 들려 있었다. 학교에서 숙제로 내줘서 모아 뒀던 환경 신문이었다. 일기장 밑에 곱게 접힌 것을 또 어떻게 찾아냈나 싶다.

[호주 산불 위기, 남의 일이 아니다!

2019년 9월 2일에 일어난 산불은 6개월 동안 호주 산림 면적의 약 14%인 1100만 ha(헥타르)를 불태운 뒤에야 끝이 났다. 이는 서울의 80배에 맞먹는 어마어마한 크기다. 수많은 주민이 대피하고 캥거루, 코알라 등의 야생 동물이 10억 마리 이상 목숨을 잃었다. 전문가들은 이번 산불로 전 세계의 코알라의 $\frac{1}{3}$이 목숨을 잃었다고 판단해 '기능적 멸종 위기' 상태에 놓였다고 입을 모았다.]

"맞아. 산불 문제로 떠들썩했지."

"호주 산불처럼 한 나라에서 4개월 이상 이어진 산불은 역사적으로도 드문 일이라고 했어. 이 산불도 기후 변화 탓이라고 하더라고."

동이는 어느새 시지의 곁에 다가와 있었다. 환경 신문을 들켰을 때는 부끄러워하더니 조사하면서 안 사실들을 술술 이야기했다.

"오올! 제법인데? 산불이 크면 클수록 온실가스도 많이 배출된다던데 정말 큰일이야."

"호주 산불로 나온 이산화탄소 양이 전 세계에서 나온 양의 1%가 넘는대. 이렇게 생긴 온실가스가 지구를 달구고 더 심한 산불로 이어질 수도 있댔어."

'50℃가 넘는 폭염으로 생긴 그리스의 산불'
그리스의 산불로 사람들은 배를 타고 피하고, 수많은 야생 동물이 송전선에 감전돼 목숨을 잃다.

'파키스탄의 ⅓을 잠기게 한 엄청난 홍수'
갑작스러운 최악의 홍수는 도로, 집, 농작물을 휩쓸며 파키스탄을 물바다로 만들다.

'비가 오지 않는 땅'
마다가스카르의 일부 지역에 4년 동안 비가 내리지 않아 사람들이 진흙, 메뚜기 등을 먹으며 살다.

동이의 염려에 동의한다는 듯 시지가 고개를 끄덕였다. 호주만의 문제가 아니다. 우리나라에서 생긴 산불도 피해가 어마어마했으니까. 게다가 이번 우리나라의 겨울은 매우 추운 날이 많을 거라는 예보가 벌써 나왔다. 2100년에는 1년 중에서 절반이 여름이 될 거라는

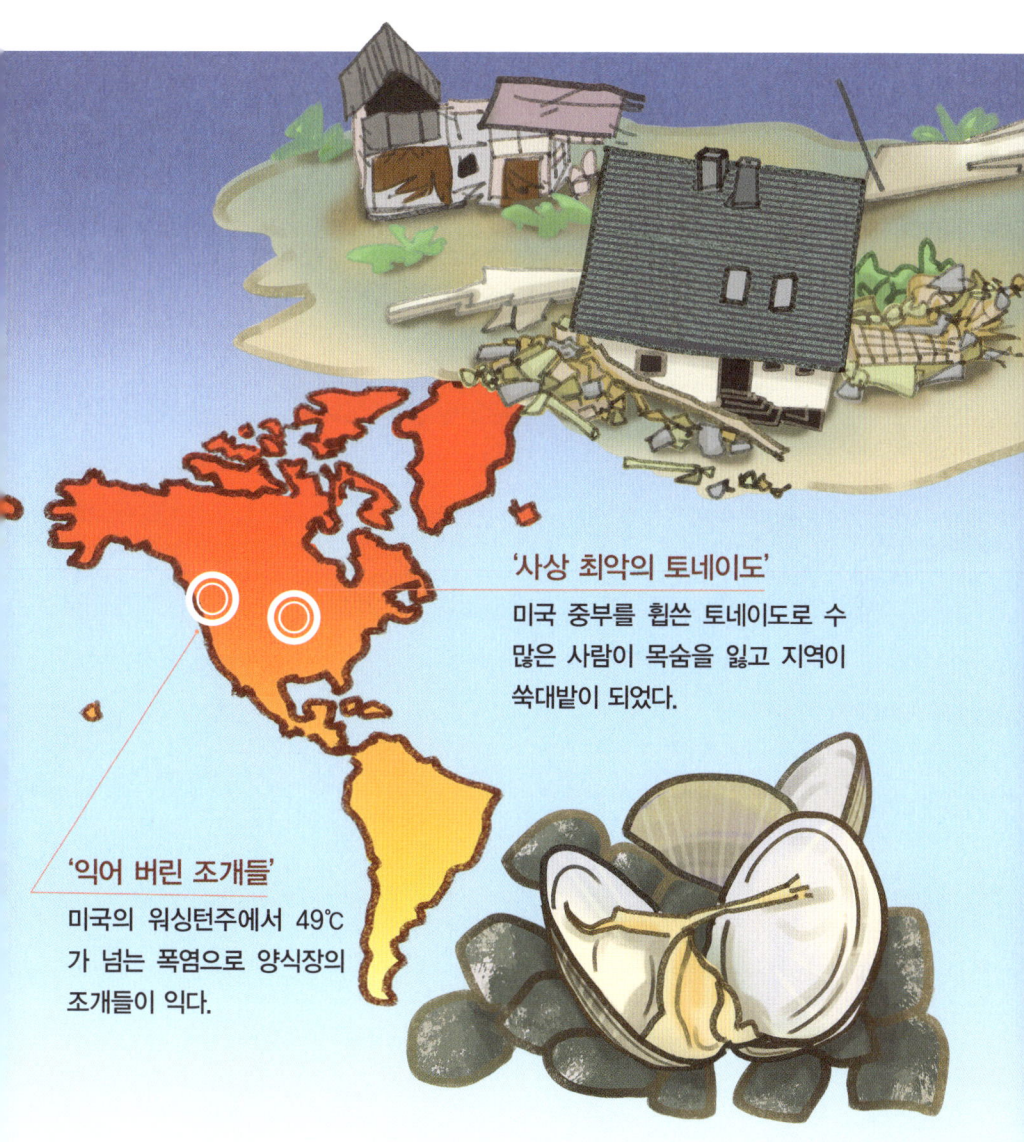

'사상 최악의 토네이도'
미국 중부를 휩쓴 토네이도로 수많은 사람이 목숨을 잃고 지역이 쑥대밭이 되었다.

'익어 버린 조개들'
미국의 워싱턴주에서 49℃가 넘는 폭염으로 양식장의 조개들이 익다.

예측은 정말 끔찍했다. 너무 덥거나 추운 날씨도 이렇게 힘든데 세계의 여러 나라에서는 벌써 거짓말 같은 일들이 생기고 있었다.

뉴스에서는 지구 온난화로 생긴 기후 변화가 전 세계 곳곳에서 어떤 끔찍한 일을 벌이는지 끊임없이 전했다. 인간이 지금처럼 온실가스를 계속 배출한다면 지금보다 심한 기후 재난이 지구와 사람들을 덮칠지도 모른다.

> ╋ 지식 더하기 ╋

기후 재난이 터지면 건강이 위험해

　기후 변화로 생긴 폭설, 폭염, 가뭄, 홍수 등은 사람들을 위협하는 재난이에요. 이 가운데 폭염은 날이 갈수록 심해지며 그 피해를 늘리고 있지요. 2001년부터 2010년까지 한국에서 폭염 위험이 '높음'으로 분류된 지역은 69곳이었어요. 2021년부터 2030년까지 폭염 위험 지역은 126곳으로 늘어난다고 해요. 서울에서 폭염 때문에 사망한 사람의 수는 2001년부터 2010년까지 10만 명당 0.7명이었으나 2036년부터 2040년까지는 1.5~2배로 늘어난대요.

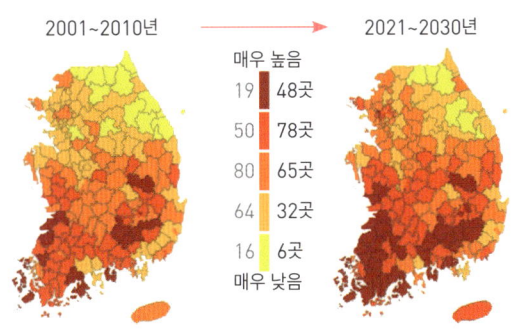

인류의 보건을 위협하는 적은 기후 변화

　지구 면적의 80% 이상은 지구 온난화에 영향을 받고 있어요. 세계 인구의 85% 이상은 여러 기상 이변을 경험하고 있어요. 기후 변화로 생기는 건강 위험은 신종 바이러스 감염증(코로나19)보다 더 비극적이고 오래 지속된다고 경고해요.

나라별 이산화탄소 배출량

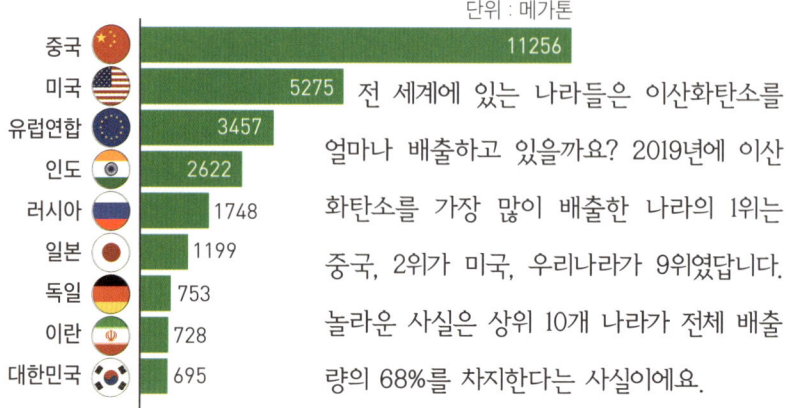

전 세계에 있는 나라들은 이산화탄소를 얼마나 배출하고 있을까요? 2019년에 이산화탄소를 가장 많이 배출한 나라의 1위는 중국, 2위가 미국, 우리나라가 9위였답니다. 놀라운 사실은 상위 10개 나라가 전체 배출량의 68%를 차지한다는 사실이에요.

인간이 만든 새로운 지질 시대

네덜란드 과학자 파울 크루첸 박사는 멕시코에서 열린 지구 환경 국제 회의에서 이렇게 말했어요.

"우리는 이제 홀로세가 아니라 '인류세'에 살고 있습니다."

지구의 지질 시대는 선캄브리아대, 고생대, 중생대, 신생대로 나뉘어요. 오늘날의 시대는 신생대 제4기인 '홀로세'로 분류되어 왔답니다. 인류가 등장한 뒤로 지구가 급격히 달라지면서 새로운 지질 시대로 불러야 한다는 이야기가 나왔어요. '인류세'는 사람들이 자연을 파괴하는 흔적들이 지구에 심각한 영향을 미치고 있음을 알려 준답니다.

+행동 더하기+

▶ **기후 행동을 쉽게 실천해요**
- 스마트폰에 〈기후 행동 1.5℃〉 앱 설치하기
- 친구들과 환경 동아리 만들어 보기

혼자서도 잘할 수 있어요. 기후 행동 실천 일기와 기후 행동 퀴즈에 참여하다 보면 여러분도 기후 행동을 제법 아는 친구가 될 수 있어요.

▶ **기후 환경 동아리를 만들어요**
- 선생님과 친구들과 함께 기후 변화 공부하기
- 스스로 생각하고 함께 실천하기

혼자보다 여럿이 함께하면 더 큰 힘이 생길 거예요.

04 바다에 사막이 있어요
시작된 여섯 번째 대멸종

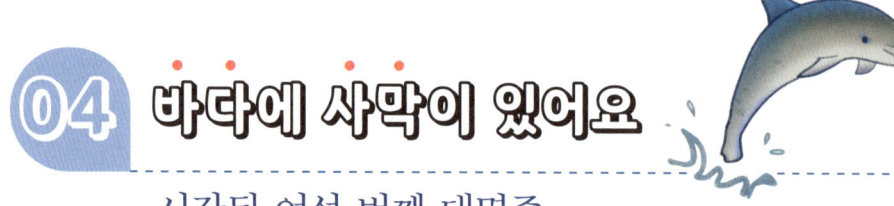

 엄마가 깨우기도 전에 아침 일찍 시지의 눈이 뜨였다. 지난밤에 시지는 빠진 것은 없는지 가방을 열 번도 넘게 확인했다. 이제 세 시간 뒤면 시지 가족은 제주도로 가는 비행기를 탄다. 3년 전 가족여행 이후 오랜만의 제주도 여행이었다.
 "엄마, 내 하얀색 모자가 안 보여."
 "너 가방에 넣었잖아. 이제 출발할 거니까 다시 잘 살펴보고 가방 챙겨서 나와."
 "아냐, 없대도? 망원경은 또 어디 있지?"
 "그건 아빠 큰 가방에 있잖니?"
 이렇게 아침부터 허둥대는 이유는 다 돌고래 때문이다. 3년 전의 여행에서 만난 그 돌고래를 다시 보고 싶었던 시지는 새 학기가 시작하자마자 여름 방학에 꼭 제주 여행을 가자고 졸라댔었다.

"엄마 그때 우리가 본 돌고래가 남방큰돌고래였나 봐요."

시지는 며칠 동안 제주도의 서귀포 바다에 사는 돌고래 조사에 열심이었다. 3학년 때까지 물이라면 겁부터 내던 시지는 물보라를 만들며 헤엄치던 돌고래 무리를 본 뒤로 수영을 배웠다. 수영장에서도 돌고래처럼 수영하고 싶다며 접영부터 가르쳐 달라고 떼를 쓴 결과였다.

시지가 졸라대는 통에 제주도에 도착한 가족들은 숙소에 들르지 않고 바다로 향했다. 공항에서 차로 한 시간을 달리는 동안 시지의 가슴이 콩닥거렸다. 돌고래가 자주 보이는 곳이 멀지 않았기 때문이었다. 시지는 큰 파도가 반짝이는 물결을 만들 때마다 돌고래인가 싶어 망원경에 눈을 가져가며 안절부절못했다. 해가 질 때까지 세 시간을 기다렸지만 돌고래는 만날 수 없었다.

다음 날, 시지는 해가 뜨자마자 아빠를 깨웠다. 어제는 너무 늦어서 돌고래를 보지 못했는지도 모른다. 오늘은 다르다. 아침 일찍부터 계속 기다릴 작정이었으니 말이다. 바다의 물결을 바라보며 한참을 기다렸을까. 시지가 두 팔을 번쩍 들었다.

"아빠, 아빠! 왔어, 왔어요. 돌고래들이 왔다고요!"

시지는 푸른 파도를 만들며 헤엄치는 돌고래 무리에 환호했다.

가족끼리 먹이를 찾으러 나온 듯 새끼 돌고래도 몇 마리 보였다.

"저기 돌고래 한 마리는 꼬리가 이상하게 생겼는데?"

망원경으로 돌고래들을 보던 시지가 고개를 갸웃거리며 아빠에게 물었다. 한 마리는 꼬리가 유독 뭉툭해져 있었다.

"돌고래는 꼬리를 위아래로 내려쳐서 헤엄치고 먹이를 잡아. 그런데 사람들이 버린 낚싯줄과 폐 그물에 얽혀서 꼬리가 잘려 나간 거야. 꼬리를 잃은 돌고래는 무리에서 홀로 떨어지고 먹이도 잘 잡지 못하지. 돌고래를 지키는 사람들은 이 가엾은 돌고래가 오래 살기 바라는 마음으로 '오래'라는 이름을 붙여 주었어."

아빠의 곁에는 돌고래와 관련한 설명을 담은 팻말도 있었다.

'고래와 돌고래가 아낌없이 주는 나무라니? 대체 무슨 소리지?'

팻말의 설명에 따르면 깊은 바다에서 먹이를 먹은 고래들은 수면

돌고래에게서 나온 배설물들

으로 올라와 호흡하고 배설한다고 했다. 떠다니는 고래의 배설물은 바다의 작은 식물인 식물성 플랑크톤에게 좋은 영양분이 된다. 이를 먹은 플랑크톤이 광합성해 엄청난 이산화탄소를 흡수하고 바다에 산소를 내보낸다고 했다.

"와, 우리가 마시는 산소의 50%나 내보낸다고? 고래가 죽으면 바다가 죽는 것과 마찬가지겠네."

"시지, 뭔가 새롭게 안 사실이 있구나. 생명은 생명과 이어져 있어서 한 생명이 죽으면 또 다른 생명의 죽음으로 이어지기도 해."

"돌고래들을 보러 왔는데 어쩐지 돌고래들한테 미안해졌어요."

배설물을 먹은 플랑크톤이 광합성으로 바다에 산소를 내보낸다!

바다에 있는 플랑크톤이 이 배설물을 먹는다.

"그럼 다른 곳으로 가 볼까?"

아빠가 다른 방향으로 시지를 이끌었다. 돌고래 무리에서 반대쪽으로 나아가니 썰물로 물이 빠져 돌들이 얼굴을 내보이고 있었다. 시지는 바다 가까이에 난 해안 도로를 걸으며 다시 돌고래를 떠올렸다. 그러다 바닷가의 돌에 시선이 멈추었다.

"아빠, 여기 돌들은 누가 페인트로 칠한 것처럼 하얘요. 제주도의 돌은 검은색 아닌가?"

화산 활동으로 생긴 검은 현무암 위에 초록빛 해조류들로 덮여 있어야 할 제주의 해안가. 초록빛은 온데간데없이 하얗게 변해 버린 바위들만 눈에 보였다. 바닷속의 산호와 해조류가 만든 바다 숲이 사라지고 잿빛 석회 조류만 남아 바다가 사막처럼 메말라 버린 것일까? 바다를 본 아빠는 안타까워하시면서 시지에게 무거운 목소리로 말씀하셨다.

"이제 바다에 사는 생물들도 떠나 버리겠구나. 제주도 바다의 온도는 지난 36년 동안 2℃가 올랐어. 겨울철 물의 온도도 무려 3.6℃나 올랐대. 바다 수온이 1℃ 오르는 건 땅의 기온이 5~10℃ 이상 오르는 것과 같아. 바다의 온도가 2℃ 올랐으니 10~20℃ 이상 바다가 뜨거워진 셈이겠지."

지구도 뜨거워져서 난리인데 바닷물도 더워지고 있단다. 아빠의 말씀을 들으니 보통 심각한 일이 아니었다. 오랜만에 가족끼리 제주도로 여행을 왔지만 어쩐지 마음만 무거워졌다.

짧은 가족 여행이 끝나고 시지 가족이 탄 비행기가 공항의 활주로를 박차고 올랐다. 비행기에서 바깥을 내다보던 시지는 푸른 바다에 미안한 마음이 들었다.

'돌고래야, 산호야. 다음에 만날 때까지 건강하게 지내 줘. 내가 꼭 너희를 다시 만나러 올게.'

시지는 스마트폰을 꺼내어 바다를 찍어 두었다.

"아빠, 우리가 다시 올 때까지 돌고래와 산호초가 건강히 있을 수 있을까요?"

"산호초는 수만 년을 버틴 강한 생물이란다. 하지만 우리가 앞으로 어떻게 할지에 따라 달라지겠지?"

"바닷물의 온도 상승을 막고 회복할 충분한 시간을 준다면 금세 나아질 거라 믿어요. 내가 어른이 되어도 아름다운 산호초를 꼭 볼 수 있었으면 좋겠어요."

아빠는 세계에서 가장 큰 산호초 군락지 호주의 그레이트배리어리프가 위험에 빠져 있다는 이야기를 들려주셨다. 지난 3만 년 동안 빙하기와 해수면 상승 등을 거치며 산호초는 멸종 위기를 다섯 번이나 넘겨 왔다고 하셨다.

지금의 기후 변화 속도는 너무 빠르다. 사람들도 빠르게 달라지는 기후에 적응하지 못하고 있는데 산호초는 여섯 번째 위기에서도 살아남을 수 있을까?

+ 지식 더하기 +

죽어 가는 제주 바다

제주에서 멸종 위기에 놓인 '상괭이'의 사체가 지난 2018년에 21건, 2019년에 44건, 2020년에 55건이나 발견됐어요. '제주남방큰돌고래' 또한 구강암, 피부병, 꼬리 절단 등 크고 작은 상처를 입은 모습을 부쩍 자주 보이고 있어요.

우리나라의 바다에 자라는 산호 170여 종에서 74%를 차지하는 서귀포의 연산호 군락의 산호도 빠르게 죽어 가고 있어요. 서귀포 문섬 일대에 서식하는 법정 보호종 '해송'과 '긴가지해송'도 줄고 있고요.

상괭이

제주남방큰돌고래

제주도의 돌고래와 산호는 제주 해양 생태에서 아주 중요한 동식물이에요. 돌고래는 제주 바다 생태에서 최상위 포식자예요. 산호는 해양 생태에서 최하위인 식물성 플랑크톤과 해양 생태계의 균형을 맞춰 줘요. 제주 바다의 먹이사슬 양 끝에서 중요한 역할을 맡고 있는 이들이 사라진다면 어떤 일이 벌어질까요?

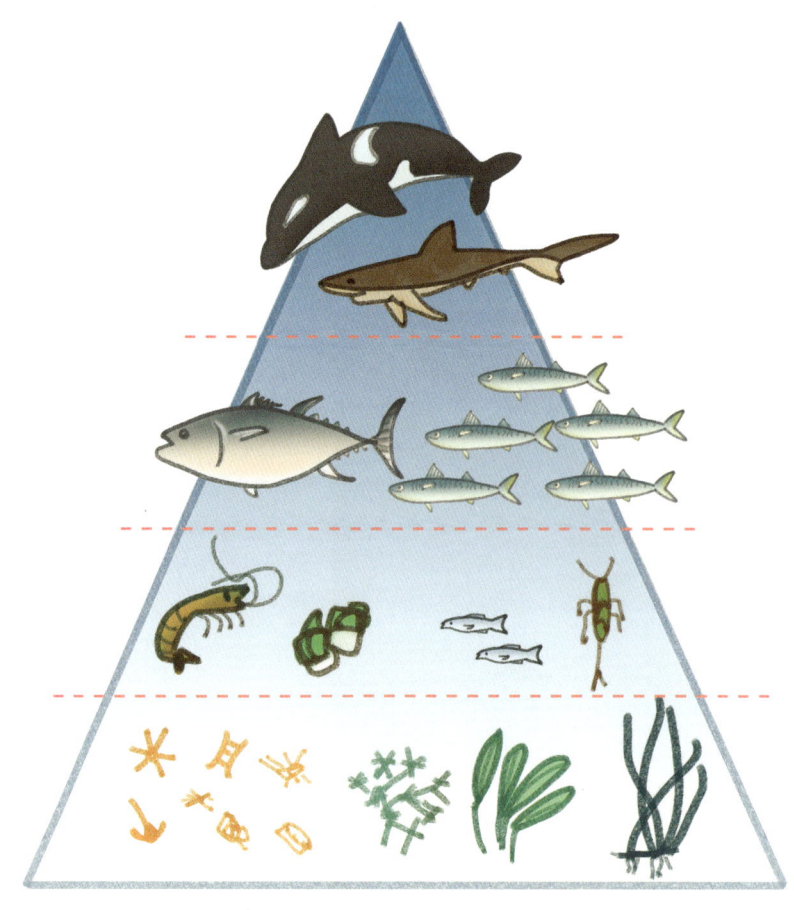

하얗게 변하는 산호초

전 세계 바다의 산호초는 '백화 현상'을 겪고 있어요. 이 현상은 1980년대 이후 기후 변화로 5배나 많아져 해양 생태계를 위협하고 있답니다.

백화 현상은 산호초의 겉이 하얗게 드러나는 현상이에요. 산호에 붙어서 영양분을 주고받으며 함께 살아야 하는 조류들이 갑작스러운 바다의 온도 상승으로 사라지면서 나타나지요. 이 현상이 심해진 산호초는 죽음에 이르기도 해요. '바다의 열대 우림'으로 불리며 해양 생물들의 보금자리가 되어 주던 산호초 지대는 백화 현상으로 사라지고 있답니다.

정상적인 산호초

백화 현상이 일어난 산호초

인류가 만든 여섯 번째 대멸종

인류가 나타나기 전에 생물들은 10년에 1종 멸종했다고 해요. 인류가 나타난 뒤에는 10년에 1000에서 1만 종이 사라지고 있답니다. 이는 무려 1만 배나 빠른 속도예요. 오늘날의 이 시대를 '여섯 번째 대멸종'이라고 부르고 있어요. 이전에 있었던 다섯 번의 대멸종은 소행성 충돌이나 지각 변동 등으로 자연스럽게 생겼던 현상이에요.

과학자들은 여섯 번째 대멸종이 인간이 활동한 결과로 생겼다고 이야기해요. 지난 50년 동안 지구에서 포유류, 조류, 어류, 양서류, 파충류는 약 70%가 사라졌어요. 2050년까지 생물의 25%가 멸종된다고 해요.

한국에는 현재 267종의 멸종 위기 야생 생물이 있어요. 이 가운데 60종은 멸종 위기 1급, 207종은 2급으로 분류되어 있어요.

✚행동 더하기✚

▶ 분리배출을 실천해요

- 학교에 분리배출 쓰레기통 놓기
- 올바른 분리배출 방법 배우기
- 분리배출이 잘되고 있는지 살펴보기

분리배출을 잘 실천한다면 1년 동안 이산화탄소 43.9t을 줄일 수 있어요. 이는 나무 4824그루를 심는 효과와 같아요.

▶ 다회용 컵을 사용해요

- 학교에서 물을 마실 때 개인 컵 사용하기
- 야외 행사 때는 텀블러 사용하기

다회용 컵을 잘 사용한다면 1년 동안 이산화탄소 1.7t을 줄일 수 있어요. 이는 나무 186그루를 심는 효과와 같아요.

▶ 개인 손수건을 사용해요

- 손을 씻은 후 물을 털어낸 다음 손수건 사용하기
- 책상이나 사물함에 손수건을 두고 사용하기

손수건만 잘 사용해도 1년 동안 이산화탄소 13t을 줄일 수 있어요. 이는 나무 1428그루를 심는 효과와 같아요.

세상을 바꾸려면 작지만 가치 있는 일부터

완벽하지 않아도 작은 일부터 시작해야 해요.
그게 정말 중요한 일이지요.
혼자가 힘들면 누군가와 함께하면 됩니다.

01 붉은바다거북의 죽음
플라스틱 쓰레기의 역습

"난 허니복숭아. 한동이, 넌 뭐 마실래?"

시지는 아이스티 팩을 입에 물며 웅얼거리며 물었다.

"난 뭘로 하지……. 딸기? 아니다, 오렌지레몬!"

여름 방학인데도 동이와 시지는 날마다 가야 하는 학원 일정에 진이 빠졌다. 그런 두 친구에게 편의점에서 산 얼음 컵에 가득 부어 넣은 아이스티를 빨대로 마시면서 영어 학원으로 가는 일은 유일한 즐거움이다.

"다음 주부터 학원 방학인데 너희 가족은 어디 안 가?"

"너희 가족은?"

시지는 동이의 질문보다 허니복숭아를 먹는 데 더 정신이 팔렸다.

"난 이번 여름이 너무 더워서 그냥 집에서 에어컨이나 틀어 놓고 게임이나 하려고."

동이가 하는 말이 귀에 들어오지도 않을 만큼 한낮은 머리가 어지럽게 더웠다. 얼음이 녹아 아이스티의 맛이 살짝 싱거워질 때쯤 학원 입구에 도착했다. 동이는 별생각 없이 학원 정문의 가로수 아래에 있는 나무 벤치 위에 얼음 컵을 놓았다. 그 옆으로는 이미 누군가 버려 두고 간 플라스틱 컵 몇 개가 나란히 있었다.

"지금 행동으로 넌 거북이를 죽였어, 한동이. 대단한 살인마 나셨네, 쯧."

엘리베이터를 타려던 시지가 고개를 절레절레 흔들다 동이와 버려진 컵을 번갈아 보며 말했다.

"뭔 소리? 아니거든?"

내가 거북이를 죽였다니? 흥분으로 얼굴이 달아오른 동이가 시지를 쳐다봤다.

학원 수업 시간도 다 되어 가고 테이크아웃용 플라스틱 컵들이 모여 있으니 같이 두면 나중에 누군가 같이 버려 주겠지, 생각해서 뒀을 뿐이다. 하필 그 모습을 시지에게 들켜서 문제였지만. 동이는 쓰레기를 길거리에 버려 본 적이 맹세코 없었다. 과자 봉지는 주머니에 꼬깃꼬깃 쑤셔 두거나 음료수 캔도 꽉 밟아서 신발에 끼운 채 시끄러운 소리를 몇 번 내다가 캔 재활용 통에 곧잘 버리곤 했다. 그

우리는 기후 변화에 진심

런 자신에게 살인마라니, 어쩐지 조금 짜증 난 동이가 시지에게 말했다.

"야, 살인마는 너무한 거 아냐?"

"여기에 버려 두는 것도 너무한 거 아냐?"

동이의 말을 그대로 따라 한 시지가 손가락으로 늘어선 플라스틱 컵들을 가리키며 주우라고 눈짓했다.

"꼭 태평양 한가운데 있는 GPGP를 보는 것 같군."

시지가 플라스틱 컵들을 콕 집으며 말했다. GPGP(The Great Pacific Garbage Patch)는 태평양 한가운데에 있지만 지도에는 없는 커다란 섬이다. 이 섬은 플라스틱 쓰레기 1조 8000억 개로 이루어져 있다. 이 양이

초대형 여객기 500대만큼인 8만 t이라나 어쩐다나?

"GPGP를 처음 발견한 찰스 무어 선장도 너가 버리는 플라스틱 더미를 보면 깜짝 놀랄걸?"

"요트 횡단 경기를 하다 그 섬을 발견한 사람이 나한테 무슨 볼일이 있겠어?"

"무어 선장을 알다니 대단한데? 그럼 이것도 알려 주지. GPGP는 우리나라보다 무려 16배나 큰 섬이 됐다고. 동이 너처럼 플라스틱을 계속 버리면 2050년에는 바다 물고기보다 쓰레기가 더 많아질걸?"

"플라스틱 쓰레기를 버

리는 것하고 거북이가 무슨 상관이 있다고 내가 살인마야?"

동이의 고함에 시지가 스마트폰으로 무언가를 검색했다. 얼마 있지 않아 동이의 코앞에 이런 기사가 들이밀어졌다.

[붉은바다거북에게서 나온 225조각의 쓰레기 무게 10.24g]

기사의 주인공은 거북이였다. 기사에는 죽은 붉은바다거북을 부검하던 해양 생물 연구자들이 깜짝 놀랐다는 내용이 있었다.

"뭐? 바다거북 등껍질을 여니까 비닐이랑 플라스틱 같은 쓰레기가 이렇게나 쏟아져 나왔다고?"

"그래, 그 거북이는 붉은바다거북의 수를 늘리려고 자연에 돌려보낸 녀석이었다고. 11일 만에 죽은 채로 발견되었다니 뭐 좀 느껴지는 거 없어?"

동이는 계속 기사를 읽어 나갔다. 해양 생물들은 바다에 떠다니는 플라스틱과 비닐을 먹이로 착각한다고 했다. 그러고 보니 플라스틱 빨대가 코에 끼어 죽은 거북이를 유튜브에서 본 적이 있다. 슬펐던 기억이 떠오르자 자신이 거북이를 죽일 뻔했다는 사실에 머리카락이 쭈뼛해졌다.

"왜 시무룩해졌어? 반성 중이야? 그렇다면 일요일에 쓰줍 어때?"

쓰레기 줍기. 쓰줍이나 가자고 한마디를 던진 시지는 태권도 학원에 가는 미니 버스에 탔다. 시지와 헤어진 동이는 터덜거리며 미술 학원으로 걸어갔다. 제가 정말 거북이 살인마인가 중얼리면서.

※ ※ ※

"내가 한 행동 때문에 거북이가 죽을 뻔했대요. 엄마는 어떻게 생각해요?"

왠지 억울해진 동이는 엄마에게 낮에 있었던 일을 이야기했다. 싱크대 앞에서 식기세척기의 시작 버튼을 누른 엄마가 말했다.

"시지가 그랬어? 어딘가 멋있어 보이는걸?"

엄마는 덤덤하게 시지를 칭찬하셨다. 시지를 향한 칭찬은 동이를 타이르는 엄마의 다른 방법이다. 유행성 감염병이 생기고 택배와 배달이 많아지면서 요즘에는 일회용 쓰레기가 크게 늘었다. 동이 가족의 분리배출도 덩달아 늘어났다. 그런데 쓰레기가 모두 재활용되지 않는다는 뉴스에 동이 가족은 또 다른 고민에 빠졌다.

"오늘도 그렇네. 저녁에 중국 음식을 시켜 먹었지? 그때 쓴 나무 젓가락은 분해되는 데 20년 이상 걸린다더라."

"테이크아웃 컵이나 빨대는 얼마나 오래 걸릴까요?"

궁금함을 참지 못한 동이가 다다다 방으로 들어가 컴퓨터로 검색했다. 세상에, 이게 뭐람? 플라스틱 일회용품은 만드는 데 5초가 걸린다. 그런데 분해되는 데 50년이 걸린다고? 동이는 방금 본 이야기를 믿을 수 없었다. 놀라운 사실은 더 있었다. 플라스틱의 95% 이상이 다시 쓰이지 못해서 땅에 묻히거나 바다로 흘러간다니. 바다로 흘러간 플라스틱들은 해양 생물을 죽음으로 이끌고 있었다.

'그럼 그 해양 생물을 먹은 사람들은? 으…….'

어느새 동이를 따라 들어온 엄마가 곁에서 조용히 말씀하셨다.

"우리 집도 일회용품을 줄여야겠어. 이 기회에 네가 좋아하는 탕수육과 짜장면도 좀 줄이면 어때?"

동이는 중국 음식 외식은 물론, 일회용품 사용을 줄이기로 엄마와 뜻을 모은 뒤 한숨을 쉬었다. 그러고는 몇 번이나 쓰고 지우던 문자를 다시 적어 망설임 없이 시지에게 보냈다.

[임시지, 이번 일요일 쓰줍? 21:11]

[응! 21:14]

[10시 아파트 정문! 21:14]

[ㅇㅇ 21:15]

짧은 문자였지만 뭔가 찜찜했던 마음이 한결 가벼워졌다.
'실수를 자책하기보다 긍정적인 행동이 더 중요한 거야.'
동이는 엄마의 응원을 생각하며 조금 더 힘을 내었다.
'일요일에 우리 동네 쓰레기는 내가 다 주워 버릴 테다!'

※ ※ ※

일요일 아침, 시지와 시지 아빠가 먼저 나와 있었다. 시지 아빠의 주위에 아파트 초록 모임의 회원 분들이 여럿 계셨다.

"안녕하세요."

"동이, 오랜만이구나."

"아파트 안은 쓰레기가 별로 없어. 정문에서 공원 쪽으로 걸어가며 쓰레기를 주워 보자. 일요일 이른 아침이지만 시지와 동이가 와 줬으니 더 즐겁게 줍깅할 수 있겠어."

2주에 한 번씩 동네 쓰레기 줍기를 해 오신 201호 아주머니가 길잡이를 하셨다.

쓰레기들은 음료수 캔, 비닐 등 정말 다양했다. 특히 담배꽁초가 많았다. 횡단보도의 신호등 옆에는 테이크아웃 컵 3개가 놓여 있었다. 먼저 발견한 동이가 재빠르게 몸을 움직여 집어 들었다. 지난번의 실수가 떠올라서였다. 진짜 문제는 도로 근처에 있는 빗물받이 앞에 있었다. 빗물받이는 비가 오면 빗물이 흘러 나가는 곳이다. 다른 쓰레기와 담배꽁초가 가득해서 나는 지독한 냄새 때문에 이곳에 가까이 가기도 힘들었다. 음료수 캔은 찌그러진 채 빗물받이의 구멍에 단단히 껴 있었다. 아저씨들이 철망을 들어 올려 한쪽에 놓아두었다. 집게와 나무젓가락을 쥔 동이와 시지의 손이 담배꽁초와 쓰레기들을 집어 드느라 바삐 움직이고 있었다.

+지식 더하기+

기후 위기를 앞당기는 플라스틱

1950년부터 2015년까지 만들어진 플라스틱의 양은 무려 83억 t이래요. 83억 t이면 코끼리 10억 마리의 무게예요. 이 가운데 58억 t이 쓰레기로 배출된다고 해요. 쓰레기 58억 t에서 단 9%만이 재활용되었어요.

2020년 이후 전 세계의 플라스틱 양은 빠르게 늘고 있어요. 2030~2035년에는 2배, 2050년에는 3배 정도 늘어난다고 해요.

플라스틱은 석유나 가스와 같은 화석 연료로 만들어져요. 플라스틱이 쓰이고 버려지는 모든 과정에서 배출되는 탄소는 어마어마하지요. 그 양은 얼마나 될까요? 석탄 화력발전소 200곳에서 나오는 양과 맞먹는다고 하니 엄청나지요?

버려진 어마어마한 플라스틱

많은 플라스틱 쓰레기가 개발 도상국으로 보내져요.

운동도 하고 쓰레기도 줍고

스웨덴어 '이삭을 줍는다(Plocka upp)'와 영어 '조깅(Jogging)'을 합친 '플로깅'을 아나요? 플로깅은 조깅하면서 쓰레기를 줍는 활동이에요. 쓰레기를 줍는 조깅이라 '줍깅'이라고도 하지요.

'비치코밍(Beachcombing)'이라는 말도 있어요. '해변'을 뜻하는 비치(Beach)와 '빗질'이라는 코밍(Combing)의 합성어예요. 바닷가로 떠밀려 온 표류물이나 쓰레기 등을 거두어 모으는 행동을 빗질에 비유하여 이른답니다. 요즘 우리나라에서는 거리의 쓰레기 줍는 일을 쓰레기를 담는다 하여 '쓰담'이라는 말처럼 재미있게 부르고 있어요.

플로깅

비치코밍

✚ 가정에서 행동 더하기 ✚

▶ 장바구니를 사용해요

- 물건을 사러 갈 때 장바구니 들고 가기
- 비닐 포장이 필요한 식재료를 살 때는 담아 올 용기 챙겨 가기
- 음식을 냉장고에 보관할 때 자주 쓰는 용기에 담기

장바구니를 써서 비닐 사용을 줄인다면 1년 동안 이산화탄소 36kg을 줄일 수 있어요. 이는 나무 3그루를 심는 효과와 같아요.

▶ 물티슈를 덜 써요

- 행주로 식탁을 닦고 걸레로 바닥을 청소하기
- 외출할 때 가방이나 주머니에 손수건 챙겨 가기
- 식당에 가기 전에 화장실에서 손 씻기

물티슈는 종이나 섬유가 아닌 플라스틱으로 만들어져요. 따라서 물티슈를 덜 쓰는 실천으로도 1년 동안 이산화탄소 6.6kg을 줄일 수 있어요.

02 당근이 싫어요

채식하면 기후 변화에 도움이 될까?

시지의 앞 접시에 네모난 당근이 제법 쌓여 있었다.

'내 카레 밥에만 당근이 더 많은 거 같아.'

시지는 젓가락으로 휘휘 뒤적이며 당근을 골라내고 있었다. 먹음직스러운 카레 밥이었지만 카레와 밥에 섞인 당근은 보기만 해도 흙냄새가 나는 것 같다. 시지와 엄마의 당근 전쟁은 늘 그렇게 시작되었다.

"나 당근 안 먹어! 이거 다 먹으면 학원 가서 토할지도 몰라."

"오늘은 이렇게 잘게 썰었는데도?"

지난번은 세모 당근이더니 오늘은 네모 당근이다. 확실히 전보다 당근의 크기는 작아졌지만 유난히 더 먹기 싫은 날이 있다. 영어와

수학 학원을 동시에 가는 오늘처럼 말이다.

"소시지나 햄은 없어요?"

소시지나 햄을 당근과 같이 씹으면 흙 맛이 적게 나서 괜찮은데 요즘은 엄마가 소시지를 잘 안 해 주신다. 시지 엄마는 여름 방학 전에 담임 선생님과 상담한 적이 있었다. 친구 관계도 좋고 밝은 시지가 급식 시간에 채소를 많이 남긴다는 선생님의 이야기에 엄마는 충격을 받으셨다. 그래서 시지가 좋아하는 소시지나 햄을 줄이고 이번 여름 방학 때 시지에게 채소 먹는 습관을 길러 줘야겠다고 마음먹었다.

"임시지, 이제 5학년인데 언제까지 소시지 타령이나 할 거야?"

엄마는 아직도 젓가락을 휘저으며 당근을 찾아내는 시지를 보고 있었다. 시지는 당근을 남김없이 다 골라내고 나서야 카레 밥을 후르르 먹고는 쏜살같이 나가 버렸다.

'이런 날은 트리플 치즈 버거에 얼음이 가득 들어간 콜라가 딱인데, 당근 카레라니······.'

학원을 마치면 동이에게 햄버거나 먹으러 가자고 해야겠다며 여전히 고기 생각에 빠져 있는 시지였다.

[마치고 햄버거 콜? 14:21]

[돌고래는 어쩌고? 14:21]

[돌고래랑 햄버거랑 뭔 상관? 14:22]

[소 방귀 뿡뿡 하면 돌고래도 위험해질 수 있대! 14:23]

[뭔 말이래? 14:23]

시지는 '소 방귀 뿡뿡'이 무슨 말인가 싶어 고개를 갸웃했다. 잠자코 따라올 줄 알았던 동이가 보낸 이상한 문자에 저도 모르게 짜증이 치밀었다.

'같이 가기 싫으면 말라지. 칫!'

동이와 만나지 않고 집에 돌아온 시지는 저녁을 먹은 뒤 숙제를 위해 컴퓨터를 켰다. 그러다 낮에 동이가 보낸 문자의 돌고래가 마음에 걸려 번개처럼 검색창을 열어 키워드를 입력했다.

'햄버거와 돌고래, 이건 아닌데. 그럼 햄버거와 바다? 이것도 아냐.'

[햄버거와 기후 변화]

시지가 클릭한 기사는 제법 놀라운 사실을 알려 줬다. 사람들이 먹는 햄버거가 환경 파괴로 이어진다는 내용이었다.

"흠, 햄버거 1개를 만들려면 2500L의 물, 소를 키우려면 1.8평(6m²)의 숲, 소의 먹이를 주려면 곡물 1.8kg 등이 필요하다고? 그럴 수 있지. 잠깐, 소를 키우는 동안 메탄가스 57g과 온실가스 3kg이

생긴다니 무슨 소리야?"

좋아하는 햄버거가 기후 변화의 주범 가운데 하나라니. 그제야 낮에 동이가 보낸 소 방귀 뿡뿡과 돌고래가 무슨 뜻인지 이해할 수 있었다. 제가 먹은 음식 때문에 돌고래가 살 곳을 잃을 수도 있다는 생각에 아차 싶었다. 다시 거실로 나간 시지가 엄마에게 폭탄선언을 했다.

"엄마, 나 이제부터 고기 안 먹을래요……."

시지가 본 정보들은 충격적인 사실을 담고 있었다. 전 세계의 가축들이 배출하는 온실가스는 연간 약 71억 t이란다. 이는 지구 전체에서 한 해 동안 생기는 온실가스 양의 14.5%나 된다고 했다. 전 세계 농경지의 80% 가까이가 축산업에 쓰이며 생산되는 곡물의 ⅓이 사료로 사용된다. 가축이 먹는 사료를 기르고 키울 곳을 만들기 위해 아마존을 비롯한 세계 곳곳의 열대 우림이 1초마다 축구 경기장 하나만큼 불태워지는 셈이라고도 했다.

갑작스러운 시지의 선언에 엄마는 조금 당황했다.

"아직 성장해야 할 시기니 골고루 잘 먹는 게 좋겠어. 대신 일주일에 한 번은 고기가 없는 저녁 식사를 함께 요리해 먹기로 새롭게 규칙을 만들면 어떻겠니?"

그 규칙에는 '돌고래를 위한 저녁 레시피'라는 이름이 붙었다.

엄마, 아빠와 함께 레시피의 장보기 규칙을 만들고 필요한 목록을 만들어서 냉장고에 붙여 두었다. 시지 가족은 8월의 제철 음식인 토마토와 감자로 요리를 만들기로 했다. 콩을 좋아하는 시지는 토마토와 콩으로 수프를, 엄마는 토마토소스로 가지조림을 맡았다. 아빠는 브로콜리와 감자로 디저트용 고로케를 만들기로 했다.

시지 가족의 돌고래를 위한 첫 번째 저녁 식사는 대성공이었다. 시지의 토마토 수프와 아빠의 감자 고로케는 최고의 콤비였다. 엄마의 가지조림은 진한 토마토 향 덕분에 가지의 물컹한 식감도 잊고 꿀떡꿀떡 넘어갔다. 돌고래를 위한 레시피 규칙은 얼떨결에 시작했

지만 시지 가족에게 커다란 뿌듯함을 안겨 주었다.

※ ※ ※

다음 날, 시지는 반 친구들에게 특별한 저녁 식사를 자랑했다. 이야기를 들은 다른 친구가 시지에게 또 다른 유익한 캠페인을 알려 주기도 했다.

"시지 너희 집도 좋은 일 하는구나. 우리 집도 고기 없는 월요일(Meat Free Monday)을 하고 있거든."

"고기 없는 월요일? 그게 뭐야?"

"일주일에 한 번은 고기나 생선, 해산물 없는 식단으로 식사하는 거야."

이어지는 친구의 이야기는 흥미로웠다. 고기 없는 월요일은 영국의 전설적인 밴드 비틀스의 폴 매카트니가 자녀와 시작한 운동이라고 했다. 그가 2009년에 열린 기후 변화 유럽 의회에서 제안한 뒤 40여 개 나라에서 이 운동을 함께하는 망이 생겼다. 우리나라에서도 몇몇 학교에서 채식 급식을 하고 있다고 했다.

"시지야, 완벽한 채식주의자가 되기보다는 고기를 먹지 않는 게 왜 필요한 일인지 먼저 생각해야 해. 그리고 자연스럽게 조금씩 시작하는 게 중요하지 않을까? 우리 가족의 레시피처럼 말이야."

친구가 하는 말을 듣고 보니 엄마의 말이 옳았다. 지금까지 시지는 무슨 일이든 언제나 완벽하고 근사하게 해야 한다고 생각했다. 그것이 잘되지 않을 때는 혼자 울며 속상해하고 화를 내기도 했다. 이제는 완벽하지 않아도 작은 일부터 시작하는 게 얼마나 중요한지 알았다. 혼자가 힘들면 엄마와 아빠와 함께하면 된다.

　내일은 동이에게 당근도 잘 먹는 일, 돌고래를 위한 멋진 저녁 식사 성공까지 자랑할 일이 정말 많다. 동이는 당근 먹는 토끼를 흉내 내며 놀릴 테지만 괜찮다. 오늘은 기분 좋은 밤이니까.

+지식 더하기+

2500 물 발자국

'물 발자국'은 제품을 만들고 쓰는 모든 과정에서 얼마나 많은 물을 쓰는지 수치로 나타낸 것이에요. 햄버거 1개의 물 발자국은 2500L, 사과 1개의 물 발자국이 70L, 달걀 1개의 물 발자국은 200L, 쌀 1kg의 물 발자국이 3400L라는 값은 매우 높은 수치예요. 2025년에는 기후 변화와 인구 증가로 물 부족 인구가 30억 명에 이르리라 예측하고 있어요. 사람들이 마시는 물보다 제품들을 만드는 데 들어가는 물 사용량이 어마어마하다는 사실에서 무엇이 느껴지나요?

1.8평의 숲과 함께 사라지는 것들

햄버거의 고기를 얻기 위해서 소를 키우고 소를 키우기 위해서 숲을 없앤 뒤 목초지를 만들어요. 숲은 물을 빨아들이는 스펀지처럼 이산화탄소를 흡수해 주는 일을 해 줘요. 이런 숲이 없어지면 이산화탄소를 흡수하지 못해 지구의 온도가 높아지면서 기후 변화가 나타나요. 이 밖에도 1.8평의 숲이 사라지면 식물 22종, 곤충 100종, 조류 10여 종, 포유류, 파충류가 사라진다고 해요.

지구를 뜨겁게 하는 온실가스

지구를 뜨겁게 하는 온실가스는 다양한 곳에서 배출되고 있어요. 이 온실가스는 어디에서, 어떻게 배출되는 걸까요? 옥수수 등의 곡물 사료를

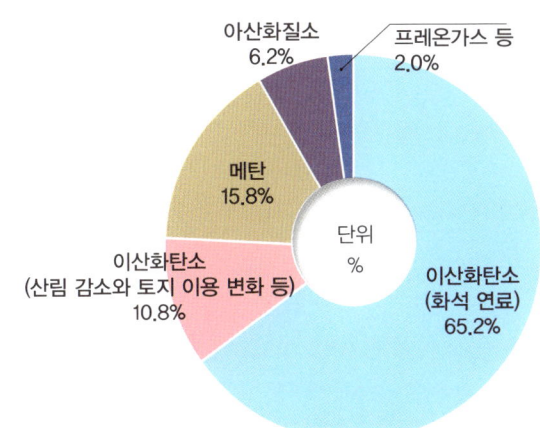

온실가스의 종류별 비율

먹은 소는 소화하면서 가스가 가득 차 방귀를 뀌거나 트림을 해요. 이 가스가 이산화탄소보다 23배 더 지구를 뜨겁게 만드는 메탄가스랍니다. 햄버거 1개(소고기 110g)에서 발생하는 메탄가스는 57g 정도라고 해요. 소의 대소변에서 나오는 강한 아산화질소, 사료 재배에서 발생하는 질소 비료가 흘러 들어간 바다는 오염돼요. 또 소가 도축장으로 끌려가면 살균을 위해 질산염과 암모니아의 오염 물질이 사용되며 이동 수단인 트럭에서는 이산화탄소도 나온답니다.

총 3kg의 온실가스

햄버거 1개를 만들기 위해 온실가스 약 3kg이 배출된다고 해요. 만드는 데 온실가스 약 0.7kg이 나오는 밥 한 공기와 비교하면 매우 높은 수치예요. 사람들이 햄버거 1개만 덜 먹어도 자동차로 서울에서 부산(약 515km)까지 운전하지 않는 것만큼 온실가스를 줄일 수 있다고 해요.

➕ 가정에서 행동 더하기 ➕

▶ 지역 식재료를 이용해요

- 국내에서 생산된 농·축·수산물 구매하기
- 지역 농산물(로컬 푸드) 매장 이용하기
- 텃밭이나 화분에서 채소 직접 키우기

식재료는 생산·유통·보관하는 과정에서 많은 온실가스를 배출해요. 가까운 지역에서 생산한 식재료를 사면 온실가스를 줄일 수 있어요. 가까운 곳의 식재료 사용 실천으로 1년 동안 이산화탄소 390kg을 줄일 수 있어요. 이는 나무 42그루를 심는 효과와 같아요.

▶ 저탄소 인증 농축산물을 이용해요

- 저탄소 농축산물 인증 마크가 있는 농축산물 구매하기
- 생산, 유통에서 생기는 환경 부담을 줄인 제철 식재료 이용하기

저탄소 인증이 된 농산물을 이용한다면 1년 동안 이산화탄소 4.2kg을 줄일 수 있어요.

▶ 음식물 쓰레기를 줄여요

- 식단 계획과 유통 기한을 생각해 필요한 양만큼 식재료 구입하기
- 식재료는 나누어 용기에 보관하고 식사량에 맞춰 요리하기

03 집에 피카츄가 필요해
에너지 사용의 불평등

"한동이, 이제 TV 좀 그만 봐야지. 벌써 자야 할 시간 아니니?"

학원 방학 이틀째, 동이는 에어컨 온도를 마음껏 낮춰 두고 소파에 기대어 TV 화면에 눈이 고정되어 있었다.

"아빠, 학교도 학원도 방학인데 오늘까지만……."

오늘의 한낮 최고 온도는 39℃를 넘었다. 집에서 내내 에어컨을 틀어도 베란다 창으로 들어오는 열기는 변함없이 뜨거웠다. 오전부터 폭염 경보가 내려져 집에만 있었던 동이는 컴퓨터 게임을 두 시간이 넘게 하더니 몇 시간째 TV만 보고 있다. 곧 저녁 먹을 시간이다.

띠릭. 아빠는 리모컨을 놓지 않는 동이를 뒤로한 채 멀티탭의 차단 스위치를 눌러 TV를 꺼 버렸다.

"아빠, 아빠, 아빠아아."

동이의 부모님은 동이가 18℃로 온도를 내려놓고 TV만 보는 걸 식사를 준비하느라 모르고 계셨던 모양이다. 간절한 목소리로 조르는 동이의 목소리를 모른 체한 아빠가 에어컨의 온도를 높였다.

"동이야. 너 여름철 에어컨 적정 온도가 26℃라고 우리에게 알려 주지 않았어?"

학교에서 기후 변화를 막는다며 배워 온 플러그 뽑기, 절수기 설치하기, 분리배출 잘하기를 엄마와 아빠에게 재잘재잘 이야기하던 동이였다. 그런 동이도 더위는 참을 수 없었는지 에어컨 온도를 18℃로 내려놓고 선풍기도 자기 몸 가까이에 두고 있었다.

"오늘 한동이는 밥보다 에너지를 더 와구와구 먹는구나."

아빠는 식사 자리에 와서도 스마트폰으로 무언가를 보는 동이에게 말했다. 심지어 유튜브를 보느라 밥도 느릿느릿 먹고 있었다.

"밥은 천천히 꼭꼭 씹어 먹는 중이에요. 그리고 에너지는 안……."

에너지는 안 먹는다고 말하려던 동이가 말을 멈추었다. 에너지를 와구와구 먹는다는 말이 무슨 말이지?

'에너지를 많이 쓴다는 말인가?'

동이는 스스로 에너지를 많이 쓴다고 생각해 본 적이 없다. 콘센트에 연결만 하면 나오는 에너지는 냄새도 안 나고 소리나 색깔도 없다. 들이마시는 공기 같은데 어떻게 먹는다는 걸까?

동이가 숨을 많이 쉰다고 해도 공기에는 아무 일이 일어나지 않는 것처럼 전기를 많이 써도 아무런 일도 생기지 않았다. 혹시 동이가 모르는 다른 일이 생기고 있는 건가?

식사를 마친 뒤 방으로 돌아온 동이는 침대에 누웠다. 그 순간 불이 확 꺼지면서 주위가 어두워졌다. 정전인가? 내가 에너지를 너무 많이 써서 그런 거야? 울상이 된 동이가 아빠와 엄마를 부르려던 참이었다. 그때 동이의 어깨를 톡톡 치는 누군가가 있었다.

"넌 누구야?"

"동이 널 콘센트 너머로 데려가 줄 안내자야. 콘센트에 이어진 전선을 잘 따라가면 전기가 너희 집까지 어떻게 오는지 알 수 있지."

안내자와 함께 몸이 빨려 들어간 동이는 순식간에 에너지 여행을 하고 있었다.

콘센트에 연결된 선 끝에 두꺼비집(누전 차단기)이 있어. 전기를 많이 흐르지 않게 막아 주는 일을 해.

"어때? 에너지가 어떻게 네 주변까지 오는지 알겠지?"

"으, 응. 난 정말 몰랐어. 쉽게 켜고 끌 수 있으니 간단하게 얻을 줄 알았거든."

"어이 친구. 기죽을 필요 없어. 지금부터 에너지를 쓰는 데 신중해 달라고."

"집집마다 있는 텃밭 상자처럼 발전소도 여기저기 세우면 전기를 쉽게 얻을 수 있지 않을까?"

"얘, 동이야. 무슨 잠꼬대를 이렇게 해? 아침이야. 어서 일어나!"

아빠의 목소리에 동이의 두 눈이 조금씩 뜨였다. 정신이 든 동이는 두 눈에 힘을 주었다. 안내자와 함께 떠난 전기 여행은 모두 꿈이었나? 어리둥절한 동이를 보며 아빠가 말했다.

"이제 좀 정신이 들어? 어제 늦게까지 TV랑 유튜브만 보더라니. 무슨 꿈인지는 모르겠지만 발전소는 아무 데나 지을 수 없어."

"어? 왜요? 전기를 만들어 주는데 좋잖아요?"

"서울에는 지을 땅도 없고 또 사람들이 싫어하기도 해서 말이지."

"그럼 발전소들은 어디에 있어요? 발전소가 있는 마을은 거기 사는 사람들이 좋아해서 지은 걸까요?"

엄마와 아빠가 싫어하는 건 동이도 싫어하는 편이었다. 친구 시지가 좋아하는 건 동이도 대부분 좋아했다. 그렇다면 사람들도 동이처럼 생각하지 않을까? 서울 사람들이 싫어한다면 다른 곳의 사

람들도 싫어할 거라는 생각이 들었다.

"발전소 하면 충남 당진에 있는 당진화력발전소가 최고지. 여기에서 생산된 전기 대부분이 수도권으로 보내져."

충남은 우리나라 전체 전력량의 22%를 만드는 곳이다. 이곳에서 만들어지는 전기의 60%가 다른 지역으로 보내진다. 전기를 전국으로 보내기 위해 당진에만 생긴 송전탑이 무려 484개! 그곳 사람들은 석탄가루와 전자파를 날마다 걱정한다는 이야기를 듣기도 했다.

"그래서 송전탑을 짓지 말라고 시위했었잖아요."

"당신도 들었군요.

시위하는 사람들과 경찰들 사이에서 갈등이 컸었어. 시위하는 사람들이 늘자 경찰들이 2000명이나 왔고."

경찰들은 송전탑 건설을 반대하는 사람들을 끌어냈고 시위 움막도 치웠다. 다른 지역에서도 사람들의 강한 반대에도 고리핵발전소에서부터 밀양의 논밭을 가로지르는 765kV(킬로볼트)의 초고압 송전탑이 생긴 일이 있었다. 편리하게 쓰는 전기를 위해 많은 사람이 충돌한 셈이다. 동이는 쓸 전기를 우리 스스로 만들 수 없는지, 가까이에 있는 발전소의 전기를 골라 쓸 수 없는지 문득 궁금해졌다.

"혹시 전기도 필요한 것만 선택해서 사용할 수 있을까요? 스마트폰을 쓸 때 통신사를 고르잖아요. 자주 쓰는 전기만 사용한다면 아끼고 좋을 것 같아요."

동이가 생각한 <전기 요금 청구서>

청구 내역	kWh(킬로와트시)
기본 요금	7300원
전력량 요금	81800원

선택한 전기의 종류	
*핵에너지	22%
*석탄	25.6%
*천연가스	24.3%
*다른 화석 연료	2.8%
*신재생 에너지	25.3%

전기가 이동한 거리 : 152km

엄마와 아빠는 동이가 말하는 청구서 이야기를 듣고 고개를 끄덕였다.

"달마다 전기 요금이 얼마나 나올지 생각했는데 좋은 생각인걸? 써야 할 전기만 사용한다면 환경이나 사람들에게 피해가 적은 전기를 사용할 수 있겠구나."

어깨가 으쓱해진 동이가 다른 질문들을 하기 시작했다.

"그런데 전기 선택보다 더 중요한 게 있어요. 쓰는 양이에요."

"맞아! 적게 쓰는 게 가장 중요한 일이지."

동이의 의견에 따라 가족회의가 열렸다. 그리고 어떻게 전기를 아낄 수 있을지 방법을 하나씩 이야기하고 집과 생활에서 실천하기로 했다. 전기를 아껴 쓸 때마다 발전소 대신 생길 수 있는 더 멋진 것을 상상해 보며 그 공간도 함께 그려 보기로 했다.

동이 가족의 에너지 아끼기 & 미래를 상상하기

- 엄마 : 전기밥통 보온 시간 줄이기
  필요한 만큼 밥하기, 남은 밥은 작게 나눠 냉동하기
- 아빠 : 엘리베이터 대신 걸어 올라오기(동이 집은 5층)
- 동이 : TV 시청 한 시간씩 줄이기

이렇게 각자 방법을 적어서 화장실 문 앞에 붙여 두었다. 자주 보

면서 잊어버리지 않고 실천하기 위해서다. 그다음 큰 스케치북에 동이 가족이 바라는 미래의 멋진 장소를 그려 보았다.

  동이는 친구들과 축구, 농구, 야구를 동시에 할 수 있는 멀티 경기장을 그렸다. 아빠는 맑은 호수와 호숫가의 산책길, 그 길들이 훤히 내려다보이는 큰 창이 있는 도서관을 원했다. 엄마는 미세 먼지를 줄여 주고 모두에게 휴식을 줄 수 있는 숲을 사이사이에 그려 넣었다. 동이는 그림을 보면서 아낄수록 멋진 장소가 더 늘어나면 좋겠다고 생각했다. 더운 여름날이었지만 에너지를 아끼는 실천에 마음이 뿌듯해지는 날이었다.

+지식 더하기+

온실가스의 주범, 화석 연료

화력발전소는 석탄, 석유, 가스로 물을 끓여서 나오는 수증기로 발전기를 돌려 전기를 만들어요. 많은 전기를 만들지만 그만큼 환경 오염도 커요. 유럽은 지구 온난화를 막기 위해 '화석 연료 퇴출'에 앞장서고 있어요. 영국, 프랑스, 이탈리아, 핀란드, 덴마크 같은 유럽 주요 나라들과 캐나다, 멕시코 등의 아메리카 20개 나라는 2030년 무렵까지 석탄 발전소를 모두 폐쇄한다는 '탈석탄 동맹(Powering Past Coal Alliance)'을 맺었어요. 프랑스는 2022년, 영국은 2024년, 이탈리아는 2025년까지 석탄 발전소를 없애기로 했어요. 그런데 우리나라는 2024년까지 화력발전소를 4개 더 세울 예정이에요.

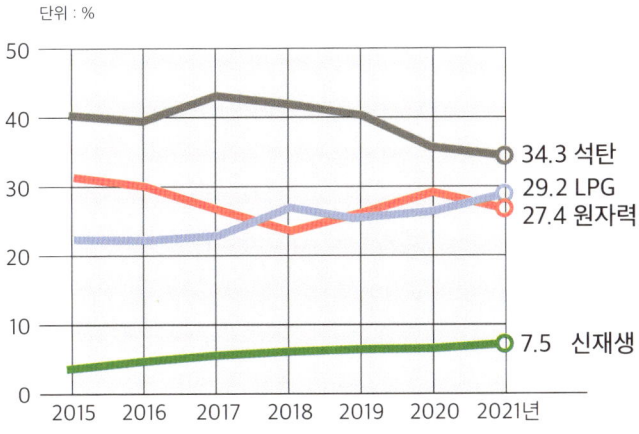

대한민국 에너지별 발전 비중

전기 먹는 하마, 데이터 센터

　인터넷에서 검색하거나 이메일, 카톡, 유튜브나 넷플릭스를 보려면 영상이나 사진을 보내 주거나 보관하는 데이터 센터가 필요해요. 센터에 있는 커다란 서버 컴퓨터들은 24시간 쉬지 않고 작동해야 하는데 이때 엄청나게 많은 열이 생겨요. 서버 컴퓨터에서 생긴 열을 식히기 위해서 많은 전기 에너지가 쓰이고 있어요. 전 세계의 데이터 센터는 전 세계에서 쓰는 전력의 약 1%를 차지해요. 이는 웬만한 나라의 전력 소비량보다 많은 양이에요.

- 이메일 한 통을 쓰면 4g
- 데이터 1MB(메가바이트)를 사용하면 11g
- 전화 통화 1분을 하면 3.6g
- 유튜브 동영상을 10분 시청하면 1g
- 인터넷을 검색하면 0.2g

＋가정에서 행동 더하기＋

▶ **냉방 온도는 2℃ 높이고 난방 온도를 2℃ 낮춰요**

• 여름철 적정 실내 온도는 25~28℃, 겨울철 적정 실내 온도는 18~20℃, 에어컨은 2℃ 높이고 보일러는 2℃ 낮추기

• 계절에 맞는 옷 입기

• 에어컨은 선풍기와 함께 사용하기

• 커튼을 쳐서 집으로 들어오는 햇빛 막기

실내 온도를 2℃ 조절하기만 해도 1년 동안 이산화탄소 498kg을 줄일 수 있어요. 이는 나무 53그루를 심는 효과와 같아요.

▶ **고효율 가전제품을 사용해요**

• 에너지 효율 등급을 확인해서 고효율 등급으로 구매하기

자주 쓰는 가전제품을 고효율 등급으로 사용한다면 1년 동안 이산화탄소 207kg을 줄일 수 있어요. 이는 나무 22그루를 심는 효과와 같아요.

04 가치 있는 패셔니스타
멸망을 부르는 패스트 패션

"곧 개학이란 말이에요. 이제 여름도 다 끝나서 새 옷이 필요하다고요!"

"아빠 나 키가 더 컸나 봐요! 팔이 좀 짧은 거 같지 않아?"

"엄마, 엄마아! 이 바지 좀 봐요! 길이가 조금 짧은 것 같은데?"

시지는 엄마와 아빠에게 새 옷을 사 달라고 며칠째 조르고 있다. 2학기를 맞아 개학하면 짝도 바뀌고 새로운 전학생이 올지도 모른다. 이런 이유가 아니더라도 새 옷을 입고 싶은 이유는 97가지가 넘는다며 시지는 새 옷을 사 달라고 노래를 부르고 다녔다. 5학년이 되고 부쩍 키가 자란 시지가 입는 옷들은 대부분 새로 산 옷이었다. 여름 방학 사이에 조금 더 자라긴 했지만 굳이 옷을 사지 않아도 지금 있는 옷도 충분히 잘 맞았는데 말이다.

"임시지, 너 지금도 옷 많아. 방학하고 새로 샀는데 아직 입지 않은 옷도 있다고."

시지는 새 옷의 잘 접힌 옷 선과 특유의 냄새가 좋았다. 새 옷을 처음 입은 날만큼은 어깨도 더 으쓱해졌다. 몇 번 입은 옷은 금세 싫증이 났다. 게다가 좋아하는 브랜드에서 계속 새로운 옷이 나오니 눈길을 뗄 수가 없다. 엄마도 새 옷을 입을 때 즐거워하는 시지의 표정이 좋아서 자주 옷을 사 주곤 했다. 지금도 시지의 성화에 못 이겨 커다란 옷 가게에 와 있다. 새 옷을 보고 기뻐하는 시지와 다르게 엄마는 고민이 깊어졌다. 새로 사 놓기만 하고 입지 않는 옷이 너무 많아져 문제였기 때문이다. 두꺼운 코트나 재킷은 중고 마켓에서 잘 팔리지만 금세 유행이 지나는 브랜드의 옷들은 정리가 쉽지 않았다. 안 입는 깨끗한 옷들은 이웃들과 나눔을 했지만 시지의 옷장에는 여전히 옷이 가득했다. 그 뒤로 엄마는 옷을 적게 사 줘야겠다고 마음먹었다.

옷가게에서 돌아온 시지는 TV 앞으로 와서 점심으로 만든 비빔면을 먹기 시작했다. TV에서는 옷 더미 위에서 뛰어노는 아이들을 보여 주는 환경 다큐멘터리가 나오고 있었다. 그 장면은 시지의 눈을 사로잡았다.

 [지구에는 약 80억 명에 가까운 사람들이 살고 있다. 이 지구에서 만들어지는 옷은 약 1000억 벌. 그 가운데 330억 벌이 같은 해에 버려진다고 한다.]

 다큐멘터리의 내레이션을 듣던 시지가 엄마에게 물었다.
 "엄마, 우리 아파트의 수거함에 모인 옷들은 어디로 가요?"
 "헌옷 수거함의 옷들? 아프리카나 다른 가난한 나라로 가겠지?"
 다큐멘터리에서는 계속 충격적인 이야기가 나오고 있었다. 헌옷들의 40%가량이 아무렇게나 버려진다는 이야기. 그 버려진 옷들을 소들이 먹는다는 이야기. 강에 버려진 옷들이 강물을 더럽힌다는 이야기. 이 모두를 들은 시지의 눈이 사정없이 흔들렸다. 다시 바뀐 장면에서 아르헨티나의 환경 운동가들이 재활용 소재로 만든 옷을

입고 매장 앞에서 행진하고 있었다. 시민들은 '패스트 패션(Fast Fashion) 반대'라고 적힌 팻말을 들고 그 뒤를 따라 걸었다. 빠르게 바뀌는 유행에 따라 옷이 새로 만들어지고 쉽게 버려지는 패스트 패션을 반대하는 시위였다. 새로 나타나고 사라지는 유행에 맞추어 옷을 만든다면 버려지는 옷도 많을 것이다. 옷들을 만드는 석유 화학 물질은 잘 섞이지도 않고 태우면 이산화탄소와 다이옥신 등을 내보낸다. 버려지는 옷들이 환경과 사람들에게 어떤 영향을 줄지 생각하니 환경 운동가들이 시위하는 이유를 알 수 있었다.

"이번 주 토요일에 열리는 지구 반상회에 같이 가 볼래?"

지구 반상회라는 말에 시지는 눈을 동그랗게 뜨며 엄마를 쳐다봤다. 집에서 잘 사용하지 않지만 물건끼리 교환하거나 팔아서 필요한 사람이 가져가게끔 하는 동네 모임이었다. 내놓은 물건에는 그에 얽힌 이야기가 적혀 있어야 한다는 점이 중요했다.

물건에 자신만의 이야기를 적는 일도 재미있겠지만 의미 있는 물건을 찾을 수 있을지도 모른다는 기대가 커져 가족 모두가 참여하기로 했다. 물론 지구 반상회에는 동이 가족도 오기로 했다.

가지고 갈 물건 챙기기 _시지의 옷장 비우기 계획

- 사이즈가 맞지 않는 옷 2장
- 한두 번만 입은 옷 3장
- 가장 좋아하는 옷 가운데 1장

이렇게 세 종류를 챙기기로 했다. 가장 좋아하는 옷을 챙긴 이유는 따로 있었다. 옷을 가장 좋아하는 이유를 적어서 필요한 다른 사람에게 선물하면 근사하겠다는 생각이 들었기 때문이었다. 옷을 고르던 시지는 곧 충격적인 사실을 마주했다. 한 번도 입지 않은 옷이 무려 세 벌이나 있는 게 아닌가! 이 세 벌과 함께 다른 옷 아홉 벌도 챙겨 두었다.

엄마는 안 쓰는 접시 그릇 세트를 닦고 다 읽은 책 여러 권을 챙겼다. 아빠는 헬스 자전거와 너무 많이 쟁여 둔 세차 타월 몇 장을 가져가기로 했다.

시지의 이야기

- 별 그림 후드 티셔츠 : 작년 봄에 생일 선물로 받은 옷이야. 이 옷을 처음 입은 날 멋진 꿈을 꿨어. 이 옷을 받는 사람은 내가 꾼 꿈처럼 멋지게 입어 주면 좋겠어.

- 얼룩말 무늬 반팔 티셔츠 : 엄마를 졸라서 샀는데 한 번도 안 입은 줄 몰랐어. 티셔츠야, 새 주인과는 잘 지내길 바라.

엄마의 이야기

- 파란 접시 세트 : 딸 시지가 초등학교에 입학하는 해에 샀던 접시예요. 이 접시에 담은 음식들을 잘 먹고 이렇게 건강하게 자랐답니다.

아빠의 이야기

- 블랙 헬스 자전거 : 집에서 비싼 옷걸이 신세가 되었습니다. 층간 소음은 없어요. 진짜 운동하실 분께 도움이 되면 좋겠습니다.

이번 반상회는 아파트의 어린이집 앞에서 열렸다. 쓰줍 때 보았던 초록 모임의 회원 분들도 많이 오셨다. 동이 가족도 미리 와서 돗자리 위에 물건들을 펼쳐 놓고 있었다. 시지는 동이네 옆에 돗자리를 깔고 챙겨 온 물건들을 펼쳤다. 아빠의 헬스 자전거에 미리 만들어 둔 '시지네 나눔 가게' 손 팻말도 걸어 두었다. 물건마다 가격표를 붙이고 사연 종이도 달았다.

"한동이, 둘러보러 가자."

할 일을 마친 시지가 동이의 팔을 당기며 앞장섰다. 동이는 사실 지구 반상회에 오기까지 조금 망설였었다. 시지 가족과 뭔가를 하는 건 좋았지만 어쩐지 사용하던 물건을 팔고 다른 사람의 물건을 사는 일이 조금은 부끄러워서였다.

지구 반상회에는 옷, 신발, 모자, 인형, 장난감, 작은 악기, 그릇, 책, 운동 기구 등 정말 많은 물건이 있었다. 3학년 정욱이네도 내놓은 물건을 정리하느라 정신없었고 중학생 언니들도 알록달록한 액세서리들을 가지런히 놓고 있었다.

"저기 임시지가 좋아할 만한 거 있네."

동이가 손가락으로 가리킨 곳에 돌고래 인형이 있었다. 인형에는 별로 관심 없지만 돌고래라면 다른 이야기다.

"저건 내가 찜이다."

"너 빼곤 원하는 사람도 없을걸?"

보통 때라면 놀리는 동이를 가만두지 않았을 테지만 지금은 돌고래 인형에 온통 신경이 쓰였다. 돌고래 인형을 가져오려면 내놓은 물건을 팔거나 물건 하나와 교환해야 한다. 이번 반상회에서 시지는 용돈을 사용하지 않기로 했다. 대신 가게에 내놓은 가장 좋아했던 옷을 가져가 옷에 담긴 이야기를 들려주며 돌고래 인형과 바꾸는 데 성공했다. 돌고래 인형에 적힌 이야기는 시지를 더 보람차게 했다.

'인형의 수익금은 상괭이 보호에 쓰입니다'라니. 정말 멋져!"

오늘 지구 반상회에서 시지네가 다 팔지 못한 물건은 집으로 가져가거나 기부할 수 있었다. 초록 모임이 물건들을 모두 모아 〈아름다운가게〉와 〈굿윌스토어〉에 기부한다고 했다. 모은 물건들을 다시 판 돈이 소외된 이웃을 돕거나 장애인의 일자리를 만드는 데 쓰인다니 시지의 마음이 뿌듯해졌다.

+지식 더하기+

패스트 패션이 망치는 지구

　패션 산업을 하나의 나라로 본다면 놀라운 사실이 숨어 있어요. 전 세계에서 여섯 번째로 온실가스를 많이 배출하는 나라라는 사실이에요. 패션 산업이 온실가스를 내보내는 양은 전 세계의 온실가스 양에서 3%를 차지해요. 이 양은 1년 동안 자동차 3억 7000만 대가 배출하는 양과 같아요. 전체 산업으로 보면 물을 세 번째로 많이 사용하는 산업이기도 해요. 옷감 1kg을 가공하는데 100~200L, 티셔츠 하나를 만드는 데는 약 3781L가 쓰여요. 이는 한 사람이 3년 동안 마시는 물의 양과 같아요. 게다가 솜을 얻을 수 있는 목화를 키우는 데 드는 농약은 전 세계 생산량의 $1/4$만큼

티셔츠 1장과 바지 1장을 만들려면 물이 2만 L가 필요해요.

이나 쓰여요. 세계 수질 오염의 20%는 이런 솜이나 옷감의 염색과 가공 과정에서 생기고 있답니다.

재활용 소재의 옷은 친환경?

최근에는 폐플라스틱 페트병으로 만든 친환경 옷이 관심받고 있어요. 과연 어떻게 만들어지는 걸까요? 먼저 투명 페트병을 잘 분류해서 깨끗하게 씻은 뒤 손톱 크기로 잘게 잘라요. 잘린 플라스틱을 섬유의 원료가 되는 쌀알만 한 칩으로 만들어서 실을 뽑아내요. 이런 과정을 통해 티셔츠 1장을 만드는 데 500ml 생수병 15개가 필요하다고 해요.

석유로 만든 폴리에스테르 섬유보다 한 번 쓰고 버려진 페트병을 재활용한 섬유로 옷을 만드는 것이 자원을 효율적으로 사용하는 방법이기는 해요. 그렇지만 버려지는 옷의 단 1%만이 재활용되고 있다니 환경을 생각

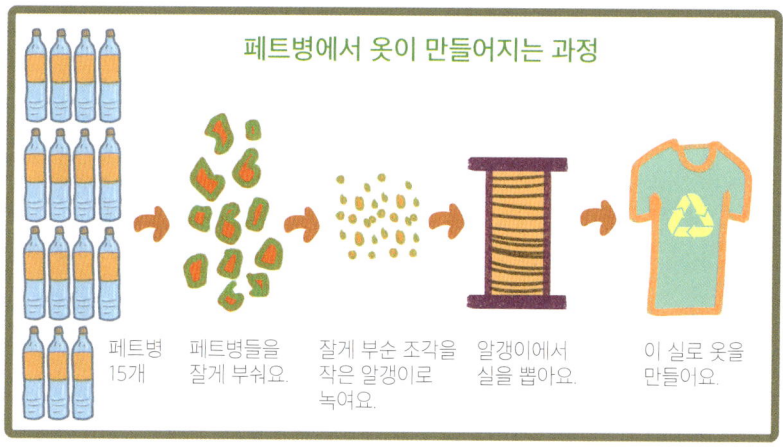

페트병에서 옷이 만들어지는 과정

페트병 15개 → 페트병들을 잘게 부숴요. → 잘게 부순 조각을 작은 알갱이로 녹여요. → 알갱이에서 실을 뽑아요. → 이 실로 옷을 만들어요.

하는 옷 소비는 다시 고민해 봐야 할 문제이지요.

우리나라의 제로 웨이스트 활동

커뮤니티

플라스틱 프리 플랫폼 <피프리미>

플라스틱 활동가가 운영하는 쓰레기 덕후들의 놀이터. 전국의 제로 웨이스트 관련 장소를 나타낸 플라스틱 프리 방방곡곡 대동여지도 및 행사와 자료를 볼 수 있어요. 혼자 또는 다른 사람과 함께하는 활동과 일상 실천법이 가득해요.

리필스테이션 <알맹상점>

친환경 벌크 상품을 팔고 재활용품을 모으며 플라스틱 프리 워크숍과 자원 순환을 교육해요.

자원 순환 정보 교육 가이드

- 〈도와줘요쓰레기박사〉

- 〈자원순환사회경제연구소〉

재사용 공간

- 의류 및 생활용품 : 〈아름다운가게〉, 〈구세군희망나누미〉, 〈굿윌스토어〉

- 공유 텀블러 : 〈보틀팩토리〉, 〈통블러〉, 〈달냥〉

• 책 : 기증받은 책을 필요한 곳에 전달하는 국립중앙도서관의 〈책다모아〉

• 안경 : 안경을 기부받아 아시아, 아프리카 사람들에게 전달하는 〈안아주세요〉

• 자전거 : 저전거 리사이클링 수업, 렌탈 등 재사용 문화를 만드는 〈약속의자전거〉

• 중고가전 : 중고 가전을 기부받아 홈리스 자활을 위해 사용하는 〈빅이슈〉

╋ 가정에서 행동 더하기 ╋

▶ **저탄소 제품 구매하기**
- 저탄소 제품 인증 마크, 탄소 발자국 등을 확인하기
- 세제나 샴푸, 섬유 유연제는 다시 살 때 리필용 구매하기
- 고형 세제와 씹는 치약 등 플라스틱 용기를 줄인 제품 구입하기

저탄소 제품을 사는 작은 실천만으로도 1년 동안 집에서 이산화탄소 7.8kg을 줄일 수 있어요.

▶ **중고 제품 이용 및 나눔**
- 더 이상 쓰지 않는 물건이 있는지 살펴보기

버리기 전에 중고 거래나 나눔 장터에서 쓰임새를 찾아보도록 해요.

- 물건을 사기 전에 꼭 필요한지 꼼꼼히 따지기

중고 물품으로 살 수 있는지 먼저 확인하도록 해요.

3장

기후 위기,
이제는 행동해야 해

지금 지구의 온도에서 1.5℃ 더 높아지게 두어서는 안 돼요.
겁먹은 채 가만있을 수만은 없어요.
미래의 주인인 우리가 모두와 함께 당장 움직여야 해요.

01 우리는 다른 배에 타고 있어
기후 위기가 가져온 불평등

 지긋지긋하던 열대야가 끝나고 날이 조금 시원해졌나 싶었다. 그러더니 며칠 동안 비가 계속 내렸다. 가을장마가 시작된 모양이었다. 비가 그치자 기다렸다는 듯 다시 더워졌.
 "엄마, 우리 아파트 경비실에는 왜 에어컨이 없어요?"
 여름 방학이 끝났는데도 한낮에는 머리끝이 아찔하게 더웠다. 더위를 참지 못한 시지는 틈만 나면 얼음을 입에 물고 다니곤 했다.
 더위를 참으며 시지가 경비실에 택배를 찾으러 갔을 때였다. 선풍기를 틀어 놓고 부채질하는 경비 아저씨가 눈에 들어왔다. 아파트의 재활용품 수거장에서 분리배출 정리를 마치고 돌아오신 듯했다. 부리나케 집으로 돌아온 시지는 엄마에게 자기가 봤던 믿을 수 없는 모습을 말했다.

"이렇게 더운데 경비실에 에어컨이 없겠니?"

"아니야, 정말 없었어!"

시지가 큰 소리로 내질렀다. 끔찍하게 더웠던 여름 방학이 기억난 탓이다. 에어컨을 틀어도 열대야가 덮친 시지의 방은 열기가 식을 줄 몰랐다. 너무 더워서 거실에서 잔 적이 몇 번인지 모른다. 푹푹 찌던 여름, 에어컨도 없는 좁은 경비실을 떠올리자 온몸에 땀이 줄줄 흐르는 기분이었다. 시지는 이 말도 안 되는 현실이 제 동네에서만 일어나는 일인지 알고 싶었다. 인터넷을 검색하던 시지의 눈이 곧 휘둥그레졌다.

"엄마, 여름에 너무 더우면 사람이 죽을 수도 있대요."

TV에서는 폭염 관련 뉴스도 나오고 있었다. 일주일째 폭염 경보가 내려진 인천에서 심각한 일이 벌어진 모양이다. 공사장에서 일하던 50대 노동자가 더위로 목숨을 잃었다는 소식이 전해졌다. 경찰이 자세한 조사 내용을 발표하고 있었다.

오전에 일을 마친 피해자는 점심을 먹은 뒤 화장실에 갔다고 했다. 그 뒤로 감감무소식. 더위로 목숨을 잃은 그를 동료가 뒤늦게 발견해 신고한 것이다.

[최근 5년 동안 여름철 폭염으로 열사병이나 온열 질환으로 사망

한 수가 156명에 이르고 있어 유의가 필요한 상황입니다.]

뉴스의 경고를 들은 엄마는 안타까움을 숨기지 못했다.
"그러고 보니 인천에서 7일째 폭염 경보가 있었는데 안됐구나."
시지가 사는 아파트는 오래전에 입주자 대표 회의에서 경비실에 에어컨을 설치하기로 했다. 설치 비용과 전기료는 주민들이 나눠서 내기로 했다. 그 뒤 모든 경비실에 에어컨이 설치되었다. 며칠 전 시지가 본 모습은 경비실의 에어컨이 고장 나 수리가 늦어져서 벌어진 우연한 사건이었다.

시지는 더위로 사람이 죽는다는 사실이 무서웠다. 요즘 들어 '지구 온난화, 기후 변화, 폭염'과 같은 단어들이 자주 들려 왔기 때문이다. 엄마는 몇 년 전 어떤 아파트에서 전기료 때문에 경비실의 에어컨 설치를 반대하는 이야기가 신문에도 나왔다고 했다. 에어컨 설치를 반대하는 주민들에게도 나름대로 이유가 있었다. 나라에서 화력발전소의 문을 닫게 해 전기료가 오르는 게 아니냐는 걱정 때문이었다.

시지는 문득 오성철물마트의 할아버지가 떠올랐다. 방학 때 학교 근처의 횡단보도에서 교통안전 지킴이를 하시던 분이다. 오성철물마트는 학교 후문의 맞은편 작은 건물 1층에 있다. 할아버지는 아침마다 빗자루, 물통, 손수레와 같은 물건들을 잔뜩 철물점 앞으로 꺼내

놓곤 하셨다. 그리고 물건들 사이의 좁은 통에 둔 작은 의자에 앉아 계셨다. 에어컨은커녕 선풍기도 돌리기 힘든 좁은 철물점은 기후 변화에도 피해를 입곤 했다. 작년에 터진 긴 장마로 좁은 철물점이 물바다가 된 적도 있었으니까.

"엄마, 이렇게 덥고 비가 많이 오거나 태풍 때문에 피해를 입으면 누가 책임져요? 내가 학교 갔다 오다가 더워서 쓰러졌어. 그럼 누구 책임일까요?"

시지의 당찬 물음에 엄마가 대수롭지 않게 말했다.

"글쎄다. 네가 다치거나 아프면 엄마나 아빠가 병원에 데리고 가겠지? 철물점 할아버지가 장마로 피해를 입었을 때처럼 행복복지센터나 구청에서 무언가 해 줄 수도 있고 말이야."

"그럼 엄마나 아빠가 아무도 없으면요?"

한참 동안 시지는 질문들을 쏟아 냈다. 아무리 생각해도 불공평했다. 나이가 많으신 분들, 자신 같은 어린이들, 햇볕이 내리쬐는 야외에서 일하는 사람들, 에어컨은 물론 선풍기조차 사기 힘든 가난한 사람들에게 생기는 피해가 크다고 생각했기 때문이다.

저녁 식사 시간, 시지는 아빠에게도 엄마와 나누었던 질문을 했다. 전기와 기후 변화를 걱정하는 시지가 자랑스러워진 아빠는 앞으로 전기를 만드는 발전소가 바뀌고 자동차도 전기 자동차로 대부분 바뀌게 된다고 이야기해 주셨다. 그러면서 발전소나 자동차 공장에서 일하는 아빠 친구들도 회사를 옮기거나 일자리를 잃을지도 모르겠다면서 한숨을 쉬셨다.

"발전소 정비사로 일하는 내 친구 형욱이 알지? 요즘 발전소가 멈추고 있대. 3년 반쯤 뒤에 그만둘 텐데 무슨 일을 해야 하나 걱정하더군."

형욱이 아저씨는 시지도 잘 아는 분이다. 부두에서 들어온 석탄을 발전기에 넣는 일을 오래 하셨다고 했다. 아빠는 더운 날이나 추운 날이나 인상 찌푸리는 일 없이 일하는 대단한 친구라고 말씀하시곤 했다.

"미세 먼지랑 탄소 배출을 줄이려면 화력발전소를 줄여야 하겠지만…… 어쨌거나 안됐어."

아빠는 형욱이 아저씨가 처음 발전소에 입사했을 때 나라의 전력을 생산한다며 자랑스럽다는 응원이 쓸모없어졌다고 안타까워하셨다.

"아빠는 이런 일들이 기후 변화 때문이라고 생각해요? 그렇다면 기후 변화는 누구 잘못이에요?"

꼭 정답이 아니더라도 다른 이야기를 듣고 싶었던 시지가 아빠에게 계속 질문했다.

"누구 한 사람만의 책임은 아니겠지만 조금 더 책임이 무거운 사람이 있지 않을까? 시지는 어떻게 생각하는데?"

아빠는 시지에게 다시 질문했다. 그러면서 깊이 생각해 볼 수 있도록 세계에서 온실가스를 어떻게 배출하고 있는지 이야기해 주셨다.

"전 세계 온실가스의 80%는 우리나라를 포함한 주요 20개 나라(G20)에서 배출해. 가난한 나라들은 기후 변화로 생기는 피해(75%)를 대부분 받고 있지. 온실가스의 배출 책임에서 조금 가볍지만 기후 변화의 피해는 더 크게 받는 셈이야."

베란다 창의 바깥에서는 어마어마한 비가 퍼붓고 있었다.

"어휴, 이렇게 많이 내리다가는 무슨 일 나는 거 아냐?"

"우리나라는 그래도 괜찮은 편이야. 당신, 아프리카 뉴스 봤지? 폭우 때문에 9만 명이 이재민이 된 곳도 있다니까."

"사이클론도 불고 해충들도 늘어서 농사가 안 된다는 뉴스도 있던데요? 그리고 어떤 곳에서는 가뭄이 심해지고 사막이 넓어지고 있대요."

"시지가 잘 봤구나. 농사를 짓는 나라들은 기후 위기에 엄청난 피해를 보겠지. 홍수와 가뭄, 해충들 때문에 작물을 키울 수 없을 테니 말이야."

　아빠의 말에 시지는 잘 차려진 저녁 식사 식탁을 두고 왠지 목이 껄끄러워졌다. 기후 변화로 위기를 맞이한 나라들은 이런 식사를 제대로 먹지 못할 것이 뻔하다. 돈 많은 사람들은 기후 위기에도 어떻게든 살아남겠지만 가난한 사람들은 계속 굶주릴 테니 말이다. 여러모로 생각이 많아지는 저녁 식사 시간이었다.

+ 지식 더하기 +

어린이 기후 위험 지수
(Children's Climate Risk Index, CCRI)

- 해안 홍수 노출 위험도가 높은 어린이
2억 4000만 명

- 하천 홍수 노출 위험도가 높은 어린이
3억 3000만 명

- 사이클론 노출 위험도가 높은 어린이
4억 명

- 납 오염 노출 위험도가 높은 어린이
8억 1500만 명

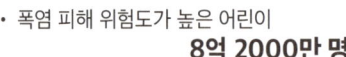

- 폭염 피해 위험도가 높은 어린이
8억 2000만 명

- 물 부족 피해 위험도가 높은 어린이
9억 2000만 명

- 과도한 대기 오염 피해 위험도가 높은 어린이
10억 명

　전 세계의 어린이가 기후 변화로 생긴 온갖 위험에 놓여 있어요. 환경에 여러 위험이 생기는 나라들은 어린이 빈곤이 빠르게 심해질 수 있다고 경고해요. 전 세계 어린이 3명 가운데 1명꼴인 8억 5000만 명이 4개 이상의 환경 위험에서 살고 있어요. 7명 가운데 1명꼴인 3억 3000만 명의 어린이들은 5개 이상의 환경 위험에서 고통받고 있어요.

기후 난민이 1분에 41명씩?

　기후 난민은 기후 변화로 자연재해가 생겨서 살던 곳을 떠나 다른 지역으로 옮겨 가거나 떠돌아다니는 사람들이에요. 남아프리카에서 약 8600만 명, 북아프리카에서 약 1900만 명, 남아시아에서 약 4000만 명, 동아시아와 태평양에서 약 4900만 명의 기후 난민이 이주해 오리라 예상해요. 이들 지역의 주민들은 물 부족, 흉작, 해수면 상승, 폭풍 해일과 같은 위기로 다른 지역으로 이주해야만 해요.

　2050년에 이르면 전 세계의 인구 10억 명 이상이 자연 재난 위기에 처할 수 있다고 해요. 세계적으로 자연재해는 1960년 39건에서 지난해 396건으로 10배 이상 폭발적으로 늘어났어요. 자연재해로 생긴 경제적 피해는 1980년대 약 58조 1600억 원에서 지난 10년 동안 연간 약 232조 6400억 원으로 늘어났대요. 2019년에만 자연 재난으로 생긴 기후 난민이 약 2490만 명이에요. 이는 전쟁으로 생긴 난민 860만 명보다 3배 정도 많았어요.

✚ 가정에서 행동 더하기 ✚

    남태평양의 작은 섬나라에 살던 12세 소년의 가족은 살던 곳을 떠나 다른 나라로 가야 해요. 북극의 얼음이 녹아 해수면이 높아져서 마을 대부분이 물에 잠겨 버렸기 때문이에요.

- 여러분이 살고 있는 집이 갑자기 사라졌다면 어떤 기분이 들까요?

- 이제 우리나라에서 살 수 없어 다른 나라로 이주해야 해요. 어떤 나라도 우리 가족을 받아 주지 않는다면 어떤 생각이 들까요?

- 여러분이 우리나라 대통령이라면 12세 소년의 가족을 받아들일 건가요?

- 소년의 가족을 받아들인다면 국민들에게 어떻게 이야기하고 싶은가요?

02 1.5°C를 기억해!
최악의 기후 변화 시나리오

삐익. 학원 입구 앞에 있는 열 감지 카메라가 요란하게 울렸다.

37.5

37.6

37.5

세 번이나 재 봐도 보통 때보다 1℃가 높게 나오고 있었다. 몇몇 친구들이 웅성거렸지만 동이는 늦어서 뛰어오느라 뜨거워진 몸 때문이라고 생각했다.

'학원에 올 때도 아무 문제가 없었는걸.'

상담실에서 잠시 기다리는 동안 학원 선생님이 집으로 연락해 주셨다. 잠시 뒤 급히 학원으로 와 주신 아빠와 집으로 돌아갈 수 있었다. 오늘 조금 쉬어 보고 열이 내려가지 않으면 보건소에 가서 검사해야 한다. 그때까지 학교도, 학원도 갈 수 없다.

'더운 날 뛰어서 그런 거라고. 이러다 내일 학교도 못 가는 건가.'

체온이 1℃ 정도 높아졌을 뿐인데 이게 무슨 일인지 싶었다. 어리둥절하고 답답하기도 했다.

"동이야, 더 아픈 곳은 없지? 괜찮을 거야, 걱정하지 마."

괜찮다고 말하는 아빠의 표정은 굳어 있었다. 집으로 가는 내내 아무 말 없던 동이는 침대에 누워 천장을 바라봤다. 아빠가 엄마와 통화하는 소리가 들렸다. 천천히 껌뻑이던 동이의 눈이 무거워졌다. 곧 스마트폰으로 문자의 도착을 알리는 진동이 울렸다.

[안녕, 난 2050년도를 살고 있는 우정이라고 해. 나도 너와 같은 5학년이야…….]

뭐지, 누가 장난치는 건가? 동이는 스마트폰을 던지듯 내려놓았다. 웅웅. 다시 문자 알림 진동이 울렸다. 이번에는 긴 문자가 왔다.

[지난 30년 동안 도대체 무슨 일이 있었던 거야? 그때는 사계절이 있었다는 게 사실이니? 크리스마스에 눈이 내린다고? 2050년의

겨울은 여름보다 조금 선선해. 1년 중 8개월이 여름인데 대부분 40℃에 가까운 폭염이 이어지지. 몇 개월에 한 번 비가 내리면 2~3주를 쉬지 않고 비가 내리곤 해. 그럴 때면 도시는 대부분 물에 잠겨

서 차가 다니지 못해. 서해와 남해 대부분은 해수욕장이 사라졌고 거대한 파도를 막는 높은 벽이 세워졌어.

우린 날마다 더위와 미세 먼지, 오존에서 살아남으려고 헬멧과

호흡기를 쓰고 학교에 가. 운동장에서 친구들과 노는 모습은 사진으로만 있어. 2022년에는 기후 위기와 관련해 다양한 교육을 한다고 들었어. 2050년인 지금은 그런 교육이 더 이상 필요하지 않아. 자연 재난에 대비한 안전 교육만 받고 있어. 이제 바꿀 수 있는 건 더 이상 남아 있지 않거든. 너희에게는 아직 기회가 있어. 너와 네 가족, 미래의 네 아이들을 위해서 지금 행동해야 해. 지구의 온도가 1.5℃보다 더 높아지게 둬서는 안 돼.]

'꼭 잊지 말아야 해.'

동이는 소스라치며 깼다. 식은땀에 옷과 이불이 젖어 있었다. 꿈을 꾸는 도중에 소리를 질렀는지 아빠가 놀라서 들어왔다.

"괜찮아요. 잠시 잠들었다 꿈을 꿨나 봐요."

"정말이지? 다시 열 좀 재 봐야겠다."

아빠가 가정용 체온계를 동이의 귀에 가져다 대었다. 삐.

36.8℃였다. 다행히 체온은 내려가고 있었다. 스마트폰에는 시지와 학원 선생님의 문자 몇 개만 와 있었다.

1.5℃

분명히 진동을 들었는데 동이가 본 문자는 어디에도 없었다. 꿈이라기에는 너무 생생한 기억이었다.

저녁이 되어서야 동이의 체온은 정상으로 돌아왔다. 그제야 안심하고 학교에 갈 수 있었다. 가벼운 열 감기였는데 유행성 감염병 때문에 한바탕 소동이 난 셈이었다. 동이가 심한 폐렴에 걸렸을 때도, 독감으로 고생할 때도 체온은 1℃에서 1.5℃ 높아지곤 했다. 조금 오른 온도 때문에 온몸이 불덩이처럼 뜨거워지고 머리도 아프더니 토하기까지 했다.

'사람의 몸도 열이 1℃만 올라도 아픈데 지구도 1℃가 올라간다면 심하게 아프겠구나. 지구의 온도가 오른다면 우리는 어떻게 되는 걸까?'

다음 날, 학교에 간 동이는 친구들에게 둘러싸여 걱정을 들어야 했다. 이윽고 선생님도 문을 열고 교실에 들어오셨다.

"동이야, 괜찮니? 아버님께 말씀 들었는데

걱정 많이 했어. 자, 여러분 자리에 앉아요. 전할 사항이 있어요."

친구들이 자리에 앉자 선생님은 폭염으로 단축 수업을 한다고 하셨다.

"여러분, 많이 덥죠? 이런 더위가 우리나라뿐만 아니라 캐나다와 이탈리아에서도 생기고 있어요. 무려 50℃에 가까운 폭염이 말이에요."

"와, 그런 나라들은 어떡해요?"

"폭염에서 일하거나 공부하기는 쉽지 않아요. 오늘 수업이 일찍 끝나도 되도록 밖에서 놀지 않도록 해요."

40년 동안 50℃가 넘는 폭염이 계속 이어졌다고 말씀하신 선생님은 당부도 잊지 않으셨다.

"오늘 이 폭염도 지구 온난화로 생긴 결과예요. 폭염 일수가 전 세계적으로 1980년대 이후 2배 가까이 늘어난 셈이지요. 모두 건강 조심하고 내일 보도록 해요."

수업이 끝난 뒤 동이는 다시 스마트폰의 문자 기록을 확인했다. 꿈이 확실했지만 미래에서 온 문자의 내용은 생생하게 기억났다. 지구의 온도가 1.5℃ 넘게 뜨거워져서 30년 뒤의 환경이 그렇게 됐다는 충격적인 이야기. 쉽게 잊을 수 있을 리 없다.

'꼭 잊지 말아야 해, 지구 온도가 1.5℃보다 높아지게 놓아둬서는 안 돼.'

+지식 더하기+

기후 변화로 일어날 수 있는 일들

■ 지구의 연평균 기온이 1℃ 상승한다면

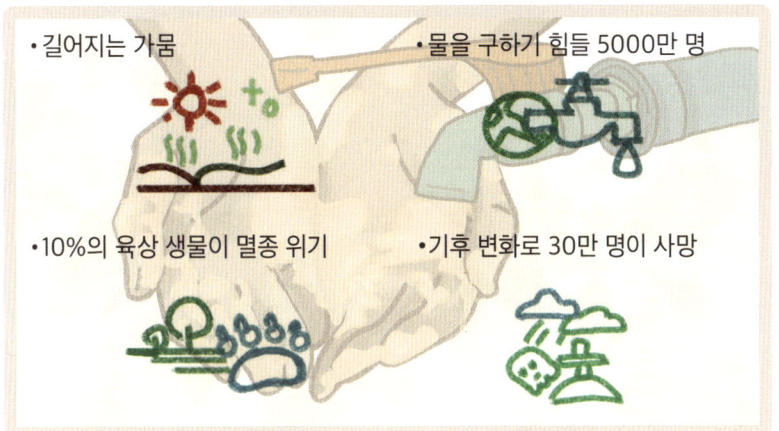

- 길어지는 가뭄
- 물을 구하기 힘들 5000만 명
- 10%의 육상 생물이 멸종 위기
- 기후 변화로 30만 명이 사망

■ 지구의 연평균 기온이 2℃ 상승한다면

■ 지구의 연평균 기온이 3℃ 상승한다면

■ 지구의 연평균 기온이 4℃ 상승한다면

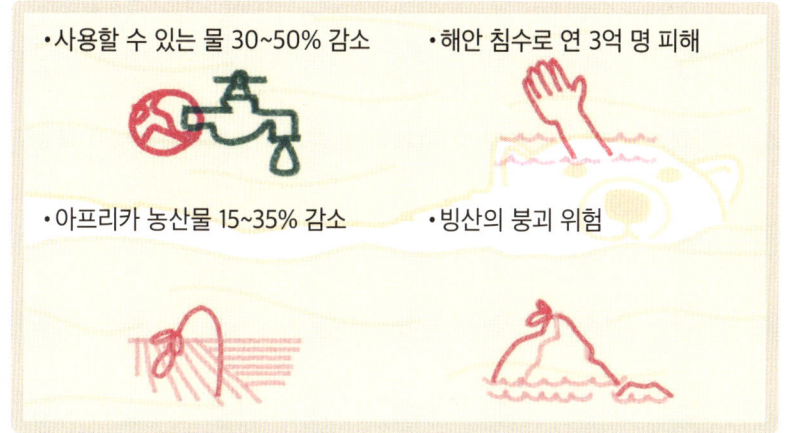

- 사용할 수 있는 물 30~50% 감소
- 해안 침수로 연 3억 명 피해
- 아프리카 농산물 15~35% 감소
- 빙산의 붕괴 위험

기후 변화와 해수면 상승

전 세계적으로 해수면이 올라가면 어떤 나라들이 가장 큰 피해를 입을까요? 남태평양에 있는 방글라데시, 인도네시아, 네덜란드 등이 피해를 입을 수 있는 나라들이에요. 이 나라들 외에도 해안가에 있는 도시들도 큰 피해를 입을 수 있어요. 해수면 상승은 심각한 해안 침식을 불러요. 해안 침식은 섬나라뿐만 아니라 전 세계적인 문제예요.

전 세계적으로 인구 1000만 명이 넘는 대도시 20곳 가운데 15곳이 해안 지대에 있어요. 인구가 250만 명 이상인 중대형 도시의 65%가 바닷가 옆에 있어요. 전 세계의 인구에서 약 10억 명은 해발 10m 이하에서 생활해요. 이렇게 많은 사람이 해수면 상승에 영향을 받아요.

해수면 상승률이 평균보다 빠른 우리나라도 큰 걱정이에요. 1989년부터 2018년까지 전 지구의 평균 해수면은 매년 1.8㎜ 높아졌어요. 이와 달리 우리나라의 주변은 2.74㎜, 특히 제주도 주변은 4.75㎜씩 높아졌어요. 2030년까지 온실가스 배출이 그대로 이어진다면 10년 뒤 인천공항과 해운대는 물에 잠길지도 몰라요.

+생각 더하기+

　　나는 2050년에 태어났어요. 우주복처럼 생긴 <u>방호복을 입고 학교에 가</u>야 해요. 지구에는 더 이상 맑은 공기가 없어서 산소 호흡기로 <u>공기를 마</u>셔야 해요. 도로는 모두 잠겨 버려서 드론 버스를 타고 움직여요. 내년에는 지구에 하나밖에 남지 않은 나무 정원으로 소풍을 간다고 해서 너무 설레요.

- 내가 2050년에 태어났다면 어떤 기분이 들까요?

- 2050년을 살고 있는 학생이라고 생각하고 현재의 친구들에게 편지를 써 볼까요?

- 타임캡슐을 타고 현재로 돌아갈 수 있다면 무엇을 가장 해 보고 싶나요?

03 나는 히어로가 아니야

기후 행동을 하는 사람들

쇼옥, 쇽쇽!

동이와 우주는 손가락을 펼쳐서 벽을 잡고 기어오르는 흉내를 내다, 가운데 두 손가락을 접으며 거미줄을 쏘는 흉내를 내고 있었다. 지난 토요일에 거미 히어로가 나오는 영화를 보고 오더니 며칠째 저러고 있다. 반 친구들 몇몇도 덩달아 따라 하는 바람에 쉬는 시간마다 교실이 난장판이 되어 버렸다.

"야, 한동이! 그만 좀 해. 너희 때문에 우리가 아무것도 못 하고 있잖아."

시지의 짜증 섞인 말에도 동이와 아이들의 거미 히어로 놀이는 여전했다. 더 큰 소리로 장난치며 시지와 다른 친구들을 약 올리기까지 했다.

"난 우주를 지키는 슈퍼 히어로! 방해하지 마라. 넌 고블린이냐?"

"어휴, 저것들을!"

"임시지, 그냥 신경 끄자. 우리까지 유치해지는 거 같아."

시지는 친구 몇 명과 동이를 째려보며 화장실로 가 버렸다. 사실, 시지도 엄청난 능력이 있는 히어로들을 좋아했다. 다만 하루 내내 저렇게 촐싹대는 꼴이 보기 싫을 뿐이다. 더군다나 시지가 생각하는 진짜 슈퍼 히어로는 따로 있다. 시지의 히어로는 요즘 더 주목받고 있다. 유엔기후정상회의에서 "어떻게 감히 그럴 수 있느냐?"라며 호통치던 소녀 그레타 툰베리. SNS에서 그 모습을 본 뒤로 툰베리는 시지의 마음에 깊이 자리 잡았다. 동이의 장난에 요란했던 하루를 마치고 잠을 자려던 시지는 히어로가 어떤 것까지 할 수 있을지 문득 궁금해졌다. 그리고 동이에게 유튜브 링크와 함께 짧은 메시지를 보냈다.

[히어로는 이런 것도 구할 수 있을까? 21:42]

시지가 보낸 유튜브 링크에는 투발루의 외무장관이 나오는 영상이 담겨 있었다. 투발루는 1만 2000명이 사는 남태평양 한가운데 있

는 섬나라이다.

"바닷물이 차오르는데 말뿐인 약속, 더 기다릴 수 없다!"

링크의 영상에는 차오른 물에서 두 다리가 잠긴 채 연설하는 사이먼 코페 외무장관이 있었다. 해발 고도가 약 2m인 이곳은 해마다 물이 0.5cm씩 차오르고 있었다. 코페 장관이 연설을 녹화한 곳도 원래는 땅이었다고 했다. 계속 물이 차오른다면 투발루는 완전히 잠기는 상황까지도 따져 봐야 한다고 했다.

"우리는 가라앉고 있습니다. 투발루의 사람들은 기후 변화와 해수면 상승이라는 현실에서 살고 있습니다. 내일을 지키기 위해 확실한 방법이 필요합니다!"

'이 영상을 동이 녀석이 보고 잘 깨달아야 할 텐데.'

곧이어 동이에게서 답장이 왔다.

[그런 걸 히어로들이 왜 하냐? 힘센 나라나 유엔이 하는 일 아냐? 22:03]

시지는 동이의 뻔한 답장에 화가 끓어올랐다. 곧 이불을 발로 한 번 걷어차더니 다시 머리까지 이불을 덮으며 씩씩거렸다.

[저런 일이 우리나라의 우리에게도 생길 수 있다고! 22:05]
['어른들이 알아서 하겠지 뭐.' 아니면 '대통령, 국회의원, 과학자 이런 사람들이 가만히 있지 않을 거야!' 이렇게 생각하고 있어? 22:06]
[우리는 뭘 할 수 있을까, 그런 생각은 안 해 봐? 22:06]

문자 몇 개를 쏟아 낸 시지는 다시 베개에 뺨을 대고 엎드렸다.

다시 스마트폰 위의 손가락이 바빠지고 있었다. 이내 인스타그램을 검색하던 시지의 눈이 '과학자들이 보내는 기후 위기 긴급 알림'이라는 카드 뉴스를 보고 커다래졌다.

"지구 온난화의 주원인은 인간의 활동임이 과학적으로 분명하다?"

> '기후 위기의 과학적인 사실'을 담은 IPCC 제1실무그룹 보고서
> - 65개 나라의 기후 과학 전문가 700명 이상이 작성
> - 기후 위기의 심각한 상황과 대응법을 과학적으로 설명
> - 기후 변화 국제 협상 및 나라의 대응 결정을 근거로 활용
> - '지금 당장, 최대한' 온실가스를 줄여야만 1.5℃ 목표 달성
> - 2021~2040년 이내 1.5℃의 온난화에 도달하거나 넘을 것
> - 전 세계가 배출량을 줄인다면 21세기 말의 1.5℃ 온도 목표 달성 가능!

카드 뉴스를 읽던 시지는 좌절하면서도 희망을 느꼈다. 겁먹은 채 침대에 누워 있을 수만은 없다. 스웨덴에 그레타 툰베리가 있으면 한국에는 임시지와 친구들이 있지.

'이 거대한 위협을 누군가 혼자서 해결할 수 없잖아!'

+지식 더하기+

교토의정서

온실가스 배출을 줄이려는 자세한 계획과 사람들이 해야 할 일을 담은 '기후변화협약(UNFCCC)의 의정서'예요. 1997년 일본 교토에서 열린 기후변화협약제3차당사국총회(COP3)에서 채택되어 2005년에 행해졌어요.

이 의정서에 따르면 선진국에는 줄여야 할 '탄소 배출 목표량'이 주어져요. 목표를 달성한 나라들은 달성하지 못한 나라에 배출권을 팔 수 있어요. 선진국이 개발 도상국에 투자해 배출량의 목표를 달성하면 선진국의 감소 목표량 성과에 더할 수 있어요. 줄여야 할 온실가스의 종류는 이산화탄소, 메탄, 아산화질소, 불화탄소, 수소화불화탄소, 불화유황 여섯 가지예요. 이 의정서에 있는 내용은 2020년까지 이어졌어요.

파리협정

제21차 파리기후변화협약당사국총회(COP21)에서 채택된 '새로운 합의문'(신기후 체제 post-2020)이에요. 선진국만 온실가스 사용을 줄이자고 했던 '교토의정서'와 달리 195개 나라 모두가 지키자는 세계적 기후 합의이며 2020년에 끝나는 교토의정서를 대신하는 약속이지요. 지구의 평균 기온을 산업 혁명 이전의 2°C 상승 이내로 잡기, 온실가스를 얼마나 줄였는지 점검하기, 선진국의 개발 도상국에 대한 기후 대처 기금 지원과 같은 여러 내용을 담고 있어요.

기후변화에관한정부간협의체(IPCC)

기후 변화를 과학적으로 살펴보기 위해 세계기상기구(WMO)와 유엔환경계획(UNEP)이 1988년에 함께 세운 국제 협의체예요. IPCC에서는 1990년에 처음 보고서를 발간한 뒤 5년에서 7년 정도 간격을 두고 발간하고 있어요. 이 평가 보고서는 모든 기후 변화 사항의 표준이 되는 자료예요. 여러 나라가 기후 변화 정책을 세울 때 과학적인 근거가 되기도 해요. 제3차 평가 보고서에는 다음과 같은 네 가지가 준비되었어요.

- 기후 변화의 과학적 근거(제1실무그룹)
- 기후 변화 영향·적응·취약성(제2실무그룹)
- 기후 변화 완화(제3실무그룹)
- 종합 보고서

2018년 10월에 인천에서 열린 제48차 IPCC 총회에서 〈지구 온난화 1.5℃〉 특별 보고서의 요약본이 승인되었어요. 이 특별 보고서에는 2100년까지 지구의 평균 온도 상승을 1.5℃로 제한해요. 온실가스 배출 경로, 2℃ 온난화와 비교한 1.5℃ 온난화의 영향 등을 과학적으로 분석한답니다.

＋가정에서 행동 더하기＋

오늘은 학교에서 2022년 기후변화협약총회가 **열리는 날**이에요.

참가자 여러분은 가정을 대표하여 온실가스를 줄이기 위한 **목표를** 정해 달성 방법을 제시해야 해요. 가정마다 감축 목표량의 총합은 학급의 감축 목표량보다 같거나 많아야 해요.

- 가정마다 줄이기로 한 목표량의 합이 약속한 양보다 적다면 어떻게 협상해야 할까요?

- 줄이려는 목표량을 달성하려면 혼자만이 아니라 가족 모두가 참여해야 해요. 가족들을 어떻게 설득하면 좋을까요?

04 너의 목소리가 필요해

우리에게는 미래를 만들 권리가 있어

6학년이 된 동이는 시지와 같은 반이 되었다. 등교하는 날, 시지는 교문을 지나 학교에 들어서자마자 동이에게 뜬금없는 이야기를 꺼냈다.

"한동이, 너 학급 부회장 해."

"갑자기? 넌?"

"난 회장이 돼야겠어."

3학년 때부터 같은 반이었던 시지는 한 번도 학급 회장이 되고 싶다고 말한 적이 없었다. 폭탄선언을 내뱉은 시지는 무심히 학원 버스에 올라탔다. 동이는 시지의 생각을 조금도 알 수 없었다.

[학원 마치고 우리 집으로 와~ 14:54]

[부모님께 선거에 나간다고 말씀드렸어? 14:54]

[아니, 오늘 할 거야! 14:55]

무슨 꿍꿍이인지 모르겠지만 무엇이든 시지와 함께하면 재밌을 것이다. 동이는 괜스레 마음이 들떴다.

'내가 학급 부회장? 으흐흐흐.'

"동이 왔구나! 6학년이 되더니 키가 더 컸네. 우리 집에 온다고 어머니께 말씀드렸니? 안 했으면 아줌마가 저녁 먹고 간다고 이야기할게."

집에 오기 전까지 자신만만하던 시지는 갑자기 꿀 먹은 벙어리가 되었는지 아무 말이 없었다. 그저 식탁 아래에서 자꾸만 동이의 발만 툭툭 쳤다. 저보고 이야기하라는 건가 싶었던 동이는 고개를 흔들며 생각을 바꿨다. 이건 시지의 일이니 말이다.

"엄마! 동이, 학급 부회장에 나갈 거래요!"

뜨악, 임시지! 시지의 입에서 제 이야기가 먼저 나올 줄은 몰랐다. 엄마는 빙그레 웃으며 동이와 시지를 함께 보고 계셨다. 잠시 식탁을 보던 시지가 결심한 듯 다시 큰 소리로 말했다.

"그리고 난 학급 회장에 나갈 거야!"

시지는 내년이면 중학생이 된다. 6학년이 되어 학급 회장을 하고 싶다고 하면 엄마가 허락하지 않을까 염려스러워 말을 꺼내기가 망설여졌던 것이다. 그런 걱정은 괜한 일이었는지 엄마에게서는 뜻밖의 대답이 나왔다.

"그러렴."

"엄마, 내가 왜 하고 싶냐면요. 또 동이가 같이 왜 해야 하냐면……."

시지는 '기후 위기에 진심인 학급'을 공약으로 세우겠다고 했다. 아기 두꺼비와 돌고래에만 관심을 가졌던 소녀는 6학년이 되더니 무언가 달라지고 있었다.

"나 혼자서는 힘들 것 같아. 동이랑 우리 반 애들이랑 다 같이 무언가를 해야겠어!"

* * *

며칠 뒤 반에서 반의 임원 선거가 열리는 날이 찾아왔다. 선거에 나온 시지와 동이는 아이들에게 자신 있는 목소리로 공약을 말했다.

"저를 회장으로 뽑아 주신다면 우리 반이 초록초록한 반이 될 수 있도록 열심히 노력하겠습니다."

"저를 부회장으로 뽑아 주신다면 회장을 도와 열심히 하겠습니다."

미리 짜 맞춘 듯한 시지와 동이의 공약에 반 친구들이 키득거렸다. 둘이 사귄다느니, 원래 어릴 적부터 친해서 집끼리도 다 안다며 회장과 부회장도 같이 하나 보다와 같은 이야기로 반이 들썩였다.

덕분에 둘은 나란히 회장과 부회장이 되었다.

시지는 6학년 학급 회장이 되면 무언가 대단한 일을 할 수 있을 줄 알았다. 하지만 생각과 달라도 너무 달랐다. 특별실이나 급식실에 갈 때 앞에 서서 가는 정도가 다였다. 특별한 일 없이 3월이 지나가고 있었다. 하염없이 시간만 흐르자 시지는 마음속에서 발을 동동 굴렀다. 마침내 기회가 왔다. 4월 7일에 전교어린이자치회의가 열린다는 공지를 본 시지는 좋은 아이디어를 떠올렸다.

[우리가 쓱쓱 비운 식판, 지구를 쓱쓱 초록으로 채운다!]

시지는 저녁 늦게까지 손 팻말을 만들었다. 당장 내일 급식 시간부터 1등으로 가서 손 팻말을 들고 있을 참이었다.

다음 날 3교시 쉬는 시간에 시지가 동이에게 쪽지를 슬쩍 내밀고는 자리에 앉았다.

[난 점심시간에 1등으로 급식실에 갈 거니까, 네가 앞줄에 서서 와.]

급식실 앞에는 아이들이 몰려 있었다. 먼저 밥 먹고 나오는 아이들도 수군거렸다.

"6학년 2반 임시지 아냐? 저건 왜 하는 거래?"

"튀고 싶은가 보지."

"그래도 난 좀 멋져 보여. 하여튼 임시지 용감해."

시지는 초록색 물감으로 동그라미를 그린 마스크를 쓰고 플래카드를 채 당당하게 서 있었다. 지나가던 선생님들도 관심 있게 지켜보셨다. 학생 자치회에서 하는 일이냐고 물어보는 선생님도 계셨다. 30분을 그렇게 있던 시지는 점심시간을 20분 남기고서야 급식을 먹고 교실로 돌아왔다. 아이들은 교실로 들어오는 시지를 환호하며 반겼다. 씩씩하게 앞으로 걸어간 시지는 칠판 구석에 이런 글을 적어 두었다.

[내일 급식 시간에 같이 할 사람 이름 적어 줘. 학급 회장 임시지]

동이는 6교시를 마치면 제일 먼저 이름을 적으려고 마음을 먹었다. 화장실을 다녀와 칠판을 보니 '이루리'가 적혀 있었다. 루리는 반에서 조용한 아이였다. 동이나 시지와도 그렇게 친하지 않았다. 그런 루리가 맨 처음 이름을 적다니 동이는 속으로 놀라워하고 있었다. 어느새 시지와 루리는 내일 할 일을 계획하고 있었다. 루리는 시지에게 이름을 적은 이유를 조용하지만 강한 목소리로 말했다.

"기후와 온실 효과 이야기를 처음 들었을 때가 아직 생생해. 위기는 사실이 아니라고 생각했었어. 그 문제를 나서서 말하는 사람들이 아무도 없었거든."

그러면서 그레타 툰베리의 이야기도 꺼냈다. 고작 8세 때 기후 변화 이야기를 처음 들었던 툰베리. 4년 뒤인 12세에 기후 변화에 무관심한 모두에게 실망해 우울증에 빠진 이야기. 2018년, 스웨덴 의회가 기후 변화 해결에 나설 때까지 학교를 결석하고 의회 앞에서 팻말을 든 이야기까지.

"미래를 위한 금요일 운동을 일으킨 툰베리의 나이는 고작 12세야. 비슷한 나이의 나도 무언가 하지 않으면 안 된다고 생각했어."

시지는 확신이 담긴 루리의 모습에서 작은 툰베리를 보았다. 미래를 위한 금요일 운동은 세계 270여 개 도시에서 학생 2만 여 명이 함께한 운동이다. 시간이 흐르며 전 세계에서 100만 명이 넘는 청소년이 함께하며 세계적인 운동으로 커졌다. 지금 우리나라를 포함해 106개 나라의 청소년 기후 활동가가 함께하며 더욱 커졌다.

루리와 함께 의지를 다진 시지는 만들어 둔 팻말을 들고 행동에 나섰다. 시지의 급식 시간 손 팻말 운동은 순식간에 유명해졌다. 곧 루리, 영웅, 우주, 동이까지 친구 몇 명이 돌아가면서 함께했다.

4월 7일, 전교어린이자치회의가 열렸다. 시지와 동이는 6학년 2반의 학급 회장, 부회장 자격으로 참석했다. 회의에는 여러 안건이 나왔다. 마침내 차례가 왔을 때 시지는 손을 들었다. 일어서서 이야기할 때도 급식실 앞에서 사용했던 손 팻말을 든 채였다. 놀랍게도 많은 친구가 시지의 모습과 목소리에 집중하며 건의에 동의했다. 자치회에서는 교장 선생님과 학교 운영 위원회에 다음 두 가지를 건의하기로 하였다.

1. 어린이 자치회가 앞장서서 달마다 기후 실천 활동을 한다.
2. 4~6학년을 대상으로 기후 환경 동아리를 만들어 활동한다.

시지는 단단해진 마음을 안고 교실로 돌아가는 길이다. 손 팻말 운동을 하기 전과 자치회에 건의하기 전에는 사람들에게 "너희가 그런다고 바뀌는 게 있을 것 같니?"라는 말을 들을까 겁이 나기도 했었다. 그렇지만 이제 다 괜찮다. 곁에는 친구들이 있으니까. 또 모두가 함께할 수 있으니까.

시지는 먼저 걸어가는 동이의 어깨를 툭 건드리며 말했다.

"야, 한동이! 너 손 팻말은 언제 만들 거야?"

+지식 더하기+

행동하는 청소년들의 기후 소송

여러분은 눈사람 만드는 것을 좋아하나요? 2020년 3월, 한국의 청소년 19명은 겨울에 눈사람을 만들 권리를 침해당했다고 정부를 상대로 소송했어요. 우리나라에는 헌법이 지켜 주는 국민의 기본 권리가 있어요. '청소년 기후행동' 단체의 청소년들은 대한민국 정부가 기후 변화의 위험을 알면서도 대응이 부족하다고 판단했어요. 계속 기후가 변화하다가는 겨울이 짧아지고 따뜻해져서 눈이 내리는 날이 별로 없을 거예요. 자연히 눈사람을 만들 권리도 사라진다고 볼 수 있겠지요? 이에 위기를 느낀 청소년들은 마음껏 꿈꿀 권리, 봄과 가을을 즐길 권리, 친구들과 눈사람을 만들 권리, 꿈을 실현해 나갈 권리를 위해 소송하기로 했어요.

여러분이 기후 변화로 생명권, 행복 추구권, 평등권, 인간답게 생활할 기본 권리를 빼앗긴다면 어떻게 하겠나요?

네덜란드 우르헨다 소송

네덜란드 시민들이 기후 변화를 막기에는 정책만으로 부족하다며 정부를 상대로 소송했어요. 2013년에 우르헨다(Urgenda) 재단이 이끌었던 소송은 7년 만에 대법원에서 판결이 나왔어요. 우르헨다 재단은 소송에서 네덜란드 정부가 2020년까지 온실가스(1990년 대비)를 25~40% 줄여야 한다고 했어요. 그런데 '온실가스 20% 줄이기'라는 정부의 목표는 위기 대응에 충분하지 않았어요. 네덜란드 정부는 온실가스 배출을 줄인다면 다른 나라들이 온실가스를 더 배출할 수도 있다고 했어요.

　기후 변화는 전 세계에 있는 나라들이 배출하는 온실가스로 생기는 문제예요. 네덜란드만 배출을 줄인다고 해결될 문제가 아니라는 이유도 틀리지 않아요. 그럼에도 네덜란드 법원은 온실가스를 줄이려면 "나라는 주어진 자기 몫을 해야 한다."라고 말했어요. 이어 정부의 주장을 받아들인다면 다른 나라도 비슷한 이유로 책임을 피할 수 있다고 판결했어요. 네덜란드 법원의 판결에는 어떤 뜻이 있을까요? 기후 변화가 세계적인 문제라 하더라도 이를 막으려면 주어진 각자만의 책임을 다해야 한다는 뜻이랍니다.

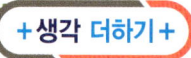

여러분이 헌법 재판관이라면?

　나는 대한민국 헌법 재판관입니다. 대한민국의 청소년 19명이 기후 변화를 내버려 두는 정부와 국회를 상대로 소송했습니다. 그들이 소송한 이유는 기후 변화를 향한 나라의 대응이 미약했기 때문이에요. 또 생존권, 평등권, 인간답게 살 권리, 직업 선택의 자유 등의 기본권을 침해받았다고 생각했기 때문이지요. 이에 청소년들은 "기후 위기 방관은 위헌이다."라고 외치고 있습니다.

- 청소년들의 헌법 소송에 어떤 생각이 드나요?

- 여러분이 헌법 재판관이라면 어떤 판결을 할 수 있을까요?

- 여러분이 중심이 되는 기후 행동의 장점은 무엇일까요?